Proprietà letteraria riservata
© Paolo Gambi 2024
ISBN: 9798338727539

Tutti i diritti sono riservati all'autore.
Ogni riproduzione, totale o parziale, e ogni diffusione in formato digitale non espressamente autorizzata dall'autore è da considerarsi come violazione del diritto d'autore, e pertanto punibile penalmente.
Questa è un'opera di fantasia. Nomi, personaggi, luoghi ed eventi narrati sono frutto della fantasia dell'autore e sono usati in modo fittizio.
Qualsiasi somiglianza a persone reali, viventi o defunte, eventi o luoghi esistenti è da ritenersi puramente casuale.

UNA PIUMA NEL BUIO

Viaggio oltre il contemporaneo verso il senso della vita

Per volare servono le ali
io posso darti una piuma

Cercavo un senso per ciò che mi circonda
ho visto il contemporaneo, un brodo
finto, liquido, brutto, buio, triste e disperato,
inconsapevolmente satanico

I versi di alcune poesie mi sono germogliati dentro, la realtà mi si è squarciata davanti e mi sono ritrovato di fronte al postcontemporaneo,
vero, eterno, sacro, poetico, bello, tecnologico, misterioso

dallo scontro fra quelle due onde mi sono esplosi in testa
pensieri senza freno, hanno dato vita a questo flusso di parole
destrutturato come una mente contemporanea
in cerca di verità come una luce postcontemporanea,

in queste pagine trovate il cimitero di quelle parole,
pensate per essere dette e diffuse come fossero canzoni,
qui sepolte nei bit e nella carta
danno nutrimento e concimano ciò che voglio donarti:
una domanda

ALLA MUSA

Imploro la Musa di farmi vedere l'aura
sotto il tintinnio del denaro, sottofondo di ogni nostro pensiero
e sotto tutte quelle parole come aperitivi, cover del telefono, filler, partite di calcio e marche di sigarette
e sotto tutti quei silenzi cerebrali dell'ultimo video su TikTok,
sotto tutte quelle conversazioni inutili, satelliti dell'attrazione momentanea e del desiderio evoluzionistico di accoppiarsi
e sotto alle etichette preconfezionate, il nuovo genere sessuale distillato dagli alambicchi digitali capitalistici o la nuova causa di cui farci attivisti mentre tutto resta com'è,
e sotto all'antica identità nazionale, cartapesta sopra il vuoto
e sotto al conformismo tragico e profondo di tutto questo,
e pure sotto ai tatuaggi, crediamo di essere originali e invece sono tutti uguali
e sotto alla rabbia della ragazzina, per lei il mondo sta finendo per colpa degli umani
e sotto il terrore del ragazzino, crede che tutti i maschi

siano stupratori seriali e quindi anche lui lo è, ma è ancora vergine,
ecco sotto tutto questo e tutto il resto
io imploro la Musa di farmi vedere l'aura,
qualcosa di misterioso e divino,
l'incontro fra noi, il principio e la fine,
il crollo delle convinzioni della mente, il cortocircuito delle emozioni, il luogo dove siamo tutti unici e tutti uniti,
ecco là sotto, in quel mistero inesplorato, e ci terrorizza, pulsa dolorosa e gioiosa una domanda
a volte la vita ce lo ricorda con uno schiaffo o una carezza,
ci mette dei promemoria nella bara della mamma o nel raggio di sole fra le nuvole, nell'abbraccio della persona che amiamo e nei prati profumati di Mortisa e nei mari freddi dell'Elba
ed ecco che noi ricordiamo anche solo per un istante
e in quell'istante esplode una voce, ci dice che laggiù c'è qualcosa
il bianco e il nero, il freddo e il caldo,
c'è la scintilla e il fuoco e la sua assenza
solo un sussurro
e se sei qui forse tu appartieni a quella infinitesima parte di umanità a cui il resto non basta, forse ti rendi conto della presenza di una domanda
e io vorrei semplicemente fartela

É SOLO UNA DOMANDA

È solo una domanda,
vorrei scrostarla dalle spine, la soffocano
vorrei porgerla come una signora anziana porge un cioccolatino a un ospite inaspettato
vorrei poterla fare, questa domanda, a un ragazzino di undici anni, lui il sabato sera va da Burger King a far finta di non saperlo, ma l'ormone sta arrivando e presto quelle ragazzine con i maglioni sollevati sul petto non saranno più delle antipatiche da prendere in giro ma la sua ragione di vita,
o magari gli succede con il compagno di banco e dietro a questo c'è ancora tanta paura,
e avrei anche una pretesa, quel ragazzino alla mia domanda deve rispondere in modo compiuto, inappuntabile, con la consapevolezza di un mistico immortale che ha sentito scorrere sulla pelle tutta l'illusione del tempo,
ma questa domanda la vorrei fare alla mia mamma, lei aveva decifrato il segreto dei fiori,
e al nonno Mino e alla nonna Tina, loro sono morti felici sotto la tirannia del patriarcato,
e all'Antonia, parlava con le zucche,
e a Pasqualino, da bambino mi portava con il trattore fino

ai meli e rispondeva a tutto con un sorriso e una frase in romagnolo,

ma la vorrei fare anche a quella vecchina, ogni giorno porta in chiesa un vuoto straziante, glielo ha lasciato dentro il figlio morto

e vorrei farla a lui con quegli occhi pieni d'odio, quel prete, sì quel prete vestito di nero e svestito di vergogna, lupo rapace di anime fragili già cotto nel suo inferno,

ma questa domanda la vorrei fare anche a Bill Gates, mi è entrato nel cranio quando ero piccolo e non se n'è più andato,

e ai presidenti degli Stati Uniti, hanno comandato il mondo come imperatori per tutto il cammino della mia vita

e la vorrei fare a quelli dietro gli imperatori, loro sono i veri imperatori, alla fine cercano solo il potere come tutti, loro se lo sono preso

e solo un vero anarchico può non essere invidioso

e io sono un anarchico ghibellino e quindi monarchico e quindi non sono neanche invidioso di tutti quei pesi spinosi sulle loro anime

e vorrei farla a tutti quelli del web e della comunicazione, credono di essere nuovi Re,

diventano famosi e neanche se me accorgono, non sono neanche alfieri o cavalli, ma pedoni da sacrificare

e la vorrei fare – o forse no – ai vecchi nuovissimi

moralisti puritani, invece di stare al tavolo con prostitute e pubblicani come Gesù, come anticristi puntano il dito per nascondere il proprio buio, non riescono ad accettarlo e gridano "me too", "woke",

in Italia chiamiamo tutto questo ancora "politicamente corretto" , non abbiamo capito nulla e questo un po' ancora ci salva,

ma la vorrei fare, questa domanda, soprattutto a te, magari credi di godere della libertà e di avere la mente aperta e sgombrata dagli ostacoli, e di avere scelto la pillola rossa, o l'NZT

e non vorrei darti una brutta notizia ma sei come me e tutti gli altri,

cieco davanti a uno specchio appannato,

dove c'erano labbra c'è un becco, ripete come un pappagallo pochi dogmi posticci, ma tanto utili a chi ha in mano i grovigli del mondo

e magari sei convinto di essere buono e virtuoso e invece sei solo un ingranaggio nell'oscurità

e vai tu a capire se la macchina per cui lavori guarisce bambini malati o produce armi di distruzione di massa,

e chissà se la domanda che ti sto per fare è giusta o sbagliata

LA DOMANDA SBAGLIATA

Poni la domanda sbagliata e sei finito,
puoi dare tutte le risposte sbagliate che vuoi, le risposte si cambiano,
ti bocciano a un esame e torni a darlo, cambi solo risposta,
ogni risposta è uguale all'altra,
e nessuna è tua e sono già state date tutte,
ma se sbagli la domanda non puoi cambiarla,
è una vibrazione, si espanderà nell'universo davanti a te per tutta la tua esistenza e forse anche oltre,
proprio come nelle narrazioni,
la domanda drammaturgica principale inizia nella prima pagina e ti accompagna per mano fino alla quarta di copertina o ai titoli di coda,
altrimenti il romanzo non si regge, il film non convince,
la domanda è proprio come la struttura stessa della nostra personale narrazione,
scegline una, connettila al cuore e fioriranno come inondate di vita tante domande secondarie e pioveranno risposte, si incastreranno una dopo l'altra sulla domanda,
tu avrai un'identità,
chiediti se è giusta la divisione fra ricchi e poveri e diventerai un socialista, un comunista, o un anarcoliberista,

chiediti se sia vero il mondo intorno a te e diventerai un agnostico, un mistico, o un pazzo,
chiediti se sia bello il fiore fra le tue dita e diventerai un poeta,
la domanda proietta un'ombra che diventa come un tatuaggio, una cicatrice imbrattata di inchiostro, non si cancella neanche strisciando con la carta vetrata di nuove illusioni,
dietro alla domanda c'è il vero succo della questione,
ogni domanda è come un bisturi, va a sezionare il sapore dell'esistente, lo scompone in qualcosa di ancora più sottile, divide, divide, e chi divide impera, cioè comanda
e non c'è nessuno più bravo a dividere se non il diavolo, dal greco "dia ballo", divido
ogni volta che poniamo una domanda siamo un po' come il diavolo, il principe di questo mondo
e infatti chi comanda pone domande, ti fa chiedere se hai bisogno di una cosa e guarda caso poi te la fa trovare e ti fa fare un patto per averla,
non c'erano domande nel paradiso terrestre
la domanda sbagliata scardina l'apparente quiete della superficie dell'acqua,
non è facile trovare il coraggio di fare questa domanda, è un po' come andare in sacrestia quando il prete si è già cambiato e sotto agli abiti liturgici ha una tuta
e forse nessuno vuole realmente saperlo, ma anche sotto la seta di un Re c'è il rimasuglio della pelliccia di un ominide appena un po' evoluto

BAUMAN

Non lo so, non sono sicuro, ma una scimmia, anche se nuda, non è proprio brava a nuotare,
eppure oggi è tutto liquido,
Zygmunt Bauman, Bauman, Bauman,
abbiamo passato millenni a costruire illusioni, ci permettevano di sopravvivere nel mare tempestoso e illusorio dell'esistenza,
sono bastati pochi decenni e tutto è saltato per aria, la realtà è diventata un brodo liquefatto e non piace a nessuno,
eccola qua la modernità liquida,
eretico chi si sacrifica e fissa ancore stabili, come
una famiglia,
un po' di diritti per i lavoratori,
una visione complessiva del mondo
o semplicemente un po' di buon senso
è la naturale propensione del capitalismo assoluto, da mezzo si è fatto fine e vuole liquefare tutto
nel nostro cervello si spezzano i freni e così siamo pronti a diventare consumatori obbedienti o prodotti malleabili,
il danaro circola nelle nostre vene e scorre sulla nostra pelle
la logica di mercato lasciata a se stessa ha in sé un grande

rischio, riduce i rapporti fra gli umani a numeri,
se sei un venditore rischi di vedere nell'altra persona solo un compratore e viceversa
e così abbiamo perso un'occasione per amarci,
e allora io cerco in questo brodo frammenti di memoria, per ritrovare il sapore di quei momenti in cui i continenti dell'umanità non erano ancora stati sommersi dai numeri
e mi ritrovo sull'altopiano di Mondeval a far battere il cuore insieme a quello di uomini primitivi, loro hanno visto i fossili vivi,
ma se avessi 15 anni oggi, Santo Signore, sarebbe una sfida immensa,
o la va o la spacca,
se fossi adolescente oggi potrei solo cercare di sfuggire da questa identità mercantile dannata e precipiterei a fondo nelle trappole del potere senza neanche accorgermene,
ritrovandomi il corpo mezzo squassato da nuove ideologie,
o il cervello liquefatto dalle droghe sintetizzate nei laboratori del capitalismo
e passare il resto della vita a giustificare le mie ferite addobbandole di parole ideologiche prese a prestito dalla terribile nuova lingua, ce la stanno piantando nella bocca
oppure potrei alzare la mia testa adolescente e combattere,
combattere contro il mulino, si alimenta con il vento

delle nostre parole,
incarnare una nuova virtù cavalleresca e fare da Don Chisciotte in bilico fra la pagina imbrattata di passato e quella bianca del prossimo futuro,
il Don Chisciotte di Cervantes sembra insensato, perdente,
eppure io ho sempre avuto una gran simpatia per i perdenti

ARRENDERSI

Adoro i perdenti,
Francesco d'Assisi morì povero e tradito dai suoi,
a Giuseppe Ungaretti non fu dato il meritato Nobel per trame oscure,
e Gesù, Gesù è il simbolo di ogni fallimento umano, un Re perdente inchiodato sulla croce,
alla fine per poter ascoltare la domanda, e dobbiamo ascoltarla, è necessario perdere, arrendersi e perdere clamorosamente,
forse bisognerebbe partire da qui, o forse arrivarci,
vince solo chi si arrende,
non capiamo questo e l'umanità non salirà il prossimo scalino evolutivo,
non ci arrendiamo e non possiamo ascoltare con orecchie libere la domanda, ma continuiamo a restare imprigionati in questa morte che non uccide, nell'autodistruzione solitaria e non arriva mai la mannaia del boia
la vittoria che vogliamo è solitaria e da soli non ci si può portare a compimento neppure sul patibolo,
e poi pensiamo americano, con winner e loser, vincitori e perdenti e il mondo resta inchiodato sulla poco gloriosa croce di questo capitalismo, ha inquinato ogni istante del

tempo fino a toglierci l'eternità,
cerchiamo sempre il profitto e così trasformiamo tutto in numeri e nei numeri non sta la parola e quindi neanche la domanda,
stendiamo la mano verso l'altro solo per prendere e dimentichiamo così cosa significhi accarezzare, stringere, toccare,
tutto oggi è diventato prodotto di consumo,
persino l'arte,
persino il corpo,
persino la nostra stessa identità,
la logica dei mercanti ha scacciato quella dei filosofi, dei mistici e degli artisti e ogni luogo umano è solo un mercato dove si compra e dove si vende
io la domanda voglio regalartela, per questo sono un eretico e attendo già sul rogo caldo,
ma tanto so di essere un perdente in questo mercato e forse per questo ho ancora un'anima sorridente, anzi squassata dalle risate,
ma un tempo ero anarco-liberista, per me il mercato poteva regolare ogni aspetto dell'agire umano,
poi ho conosciuto tanti umani e ho capito, per far funzionare questo pensiero serve una menzogna,
ogni utopia si basa su una menzogna,
per il comunismo siamo tutti uguali, per questa forma di capitalismo totalitario siamo tutti buoni,

invece il mondo è pieno di cattiveria e chi bara vince sempre, ha fatto più strada di te il tuo amico furbo e raccomandato usando colpi bassi, la malavita comanda mezzo mondo, l'ultimo stadio del capitalismo è il capitalismo criminale e noi ci siamo con mani e piedi e collo e soprattutto cuore,
ma per vincere tutto questo bisogna perdere, anzi, bisogna arrendersi
e solo un anarchico può arrendersi davvero

ANARCHIA

Mi sono scoperto anarchico a 40 anni
e l'ho detto a un prete, mi conosceva da quando ero ragazzino
e lui mi ha detto "noi l'avevamo capito già allora",
e magari potevate anche dirmelo evitandomi tanto peregrinare, o forse no,
mi sono scoperto anarchico un pomeriggio di sole ad Alassio, quando in biblioteca ho letto "Guerra e rivoluzione" di Tolstoj,
ti riassumo quel libro, non delegare il tuo potere e non crearne uno fuori da te
e quindi la vera rivoluzione sta in un lavoro interiore, prima di tutto personale,
il vero anarchico parte da lì, arrendendosi dentro,
non si è anarchici se ci si va a drogare al centro sociale, in quel modo giochi la partita del colonizzatore, lui ti vuole stordito in balia del suo potere,
e se combatti il potere con la violenza stai già usando uno strumento di potere e ti sei fatto tu potere
e quindi poi dovresti combattere contro te stesso guerre di potere in un conflitto interiore infernale,
infatti ogni rivoluzione cambia solo il nome dell'infelice tiranno,

ogni rivoluzione è un inganno
basta rivoluzione, cerchiamo evoluzione,
l'unico modo per sconfiggere davvero il potere è cambiare la logica del sistema,
come ha fatto Gandhi, si è arreso senza violenza e ha vinto e infatti lui e Tolstoj si scrivevano lettere,
ma tanto non c'è alternativa all'arrendersi,
siamo costretti ad arrenderci dal momento in cui usciamo dall'utero confortevole della mamma,
possiamo solo arrenderci a quella decisione,
ci arrendiamo quando ci ritroviamo
nel corpo e non ce lo siamo scelti,
in un continente e non ce lo siamo scelti,
in una condizione sociale e non ce la siamo scelta,
allora puoi lottare per tutta la vita per diventare ricco,
per andare a vivere in un altrove, tanto non c'è
o per bombardarti di chirurgia plastica,
oppure puoi semplicemente arrenderti, anzi, accettare di esserti già arreso,
puoi arrenderti all'idea di esserti già arreso
ti sei già arreso nell'istante in cui accetti di esistere,
abbracciare l'esistenza è l'atto di resa più nobile del mondo,
e il più profondo,
ma bisogna averne consapevolezza,
consapevolezza, parola oggi dimenticata, ci si arriva solo

in età avanzata,
eppure senza consapevolezza non ti accorgerai mai di essere uno degli arresi
e solo scoprendolo sarai felice,
e se mi chiedi a cosa bisogna arrendersi ti spaventerò con una parola, ha in sé tutta la tragica cupa disperazione dell'inferno: il vuoto.

VUOTO

Non si può girare intorno al vuoto,
al massimo ci si finisce dentro,
ce lo ritroviamo dentro,
la materia, la carne e il sangue, noi, tutto è fatto di molecole
e le molecole sono fatte di atomi
e gli atomi sono frazioni di vuoto tenute insieme,
al centro c'è il nucleo, protoni e neutroni, e intorno ruotano gli elettroni, gli elettroni sono distanti dal nucleo circa 10000 volte la grandezza del nucleo stesso,
quindi per il 99,99% l'atomo è composto di vuoto,
il 99,99% di noi è fatto di vuoto,
siamo fatti di miliardi di atomi, cioè di miliardi di porzioni di vuoto
e basta fermarsi un secondo ad ascoltare e sentiamo i suoi silenzi terrorizzanti pulsarci nelle arterie e vibrarci sulla pelle,
basta uno sguardo in quell'abisso e ci precipitiamo dentro dalla nuca come il più piccolo dei sassolini cade nel più alto dei burroni,
ma noi cadiamo dentro noi stessi,
implodiamo e prima della modernità questo era normale anche senza aver scomposto l'atomo,

tutti erano consapevoli di essere stati tratti dal vuoto e si arrendevano misticamente felici all'invincibile potenza del vuoto, prima o poi richiama tutti a sé
e solo così si può sperare di dare senso a quel vuoto,
le nostre invece società hanno rinunciato a ballare la danza del tutto e del nulla nell'inesprimibile vuoto, lui ci pulsa silenzioso dentro,
guardalo bene nel profondo, in quel vuoto c'è il nulla, in quel vuoto c'è il tutto,
anzi alla fine il nulla e il tutto sono la stessa cosa,
solo il vuoto può contenere il nulla,
solo il vuoto può contenere il tutto,
l'inesprimibile nulla di Ungaretti è luce di speranza
invece oggi lo consideriamo la fine di tutto
e allora non ci si può meravigliare delle crisi di panico, sbocciano come fiori del male,
non c'è da meravigliarsi di tutta quella vistosa cartapesta fatta di
chirurgie plastiche,
nomi,
etichette,
ideologie
utopie e illusioni
addobbiamo e nascondiamo la verità della natura umana, ha un inizio nel vuoto e una fine nello stesso vuoto e la fine ci terrorizza,

anche se con il passare degli anni, quando si invecchia,
quel vuoto si fa meno buio, meno spinoso,
se proviamo ad accarezzarlo finiamo per addomesticare il
vuoto nel tempo e ci diventa familiare,
ecco arrendersi al vuoto significa diventarne familiari,
siamo figli e figlie del vuoto,
portiamogli rispetto
e solo lì dentro può risuonare la domanda

LA GRATUITÀ DELLA VECCHIAIA

Allora la domanda potrei porla forse con i capelli tutti bianchi,
la pelle incartapecorita e un andamento gobbo,
ma solo se avessi mantenuto sul viso lo sguardo e il sorriso di quando ero bambino,
proprio come certi vecchi preti di tempi lontani, inghiottiti dalle campagne, ora cementificate insieme alle leggende e ai folletti dei vari luoghi,
ma io vorrei ripescare da sotto le zolle quella vecchiaia senza tempo,
allora le anime a vedermi si fiderebbero e lo saprebbero,
non ho nessuna utilità nascosta, nessun secondo fine,
dietro alla mia domanda non c'è nulla, solo il desiderio di condividere una domanda proiettata su traguardi di verità, giustizia e soprattutto bellezza,
non voglio convincerti di nulla,
non voglio venderti nulla
non ho affermazioni da piantare nella tua testa
invece di fronte alla domanda si alza in un istante il ponte levatoio e il tuo fossato si riempie di meccanismi di difesa,
a questo siamo abituati dal mercato pervasivo,
è il nostro riflesso, la nostra routine, serve a sopravvivere,

e così siamo incapaci di accettare una domanda,
secondo fine, utilità,
queste sono le lenti per ogni relazione,
noi cresciuti nel grande mercato globale ne siamo convinti, chi si avvicina a noi lo fa cercando una qualche utilità, vuole fare di noi strumenti per soddisfare il proprio piacere o per raggiungere il proprio obiettivo o semplicemente per compiacere il proprio ego
e i nostri occhi sono diventati ciechi e le nostre orecchie sono così diventate sorde a una parola così semplice e così bella come dono,
facciamo tanta fatica a immaginare possa esistere un dono,
qualcuno una mattina si sveglia e decide di darci qualcosa gratis, senza patti con il diavolo o utilità nascoste se non il suo piacere nel condividere
e noi non ci crediamo, ci vediamo una trappola
eppure a volte esiste qualcuno così,
gli anziani lo fanno in quella tarda fase in cui si ricongiungono con la loro identità bambina e finiscono per regalare una macchina alla badante e neppure ci vanno a letto o danno soldi ai nipoti o alla chiesa o a chiunque glieli chieda,
i vecchi non sono più avvelenati dai desideri perché o li hanno esauditi e hanno conosciuto sulla lingua il sapore della delusione o non li hanno esauditi e negli anni hanno

imparato a digerire le frustrazioni,
ecco, da anziani possiamo concederci il lusso di fare un dono
chi lo riceve potrebbe anche abbassare le difese contro le spine utilitaristiche del mercato e crederci,
nella vecchiaia c'è la massima libertà,
ha un problema, dura poco
e anche se aspettassi di diventare vecchio e ti ponessi la domanda con i capelli bianchi e le rughe e tu la accettassi come dono alla fine mi godrei la risposta per troppo poco tempo,
per cui no, non posso prenderla da qui, la domanda,
non è la vecchiaia il tema
il tema è l'America

AMERICA

La domanda vorrei farla all'America,
adorata America,
mannaggia all'America,
l'America non è un continente, anzi due, è un concetto bivalve,
agli occhi di chi ci sta dentro l'America è il sogno americano, il centro del mondo
e con un po' di neuroni ci siamo tutti, con John Wayne, Michael Jackson e Taylor Swift,
siamo tutti un po' americani,
la nostra lingua si inzuppa nell'inchiostro della loro lingua e il nostro cervello si imbeve del liquido del loro cervello artificiale,
ma una parte di noi no, agli occhi di chi sta fuori oggi l'America è il colonizzatore,
la grande potenza, piega il mondo ai propri interessi vendendoli per interessi di tutti,
e allora va bene, si decidano pure le nostre cose a Washington, ma almeno ci diano diritto di voto,
no taxation without representation,
così affascinante e contraddittoria è l'America, non si può riassumere se non nella stessa parola America, e guarda caso è italiana,

e lì dentro ci sono pezzi di Europa antica, memorie di armocromie perdute,
ma ecco, l'America è il capitalismo assoluto e si sparge nel mondo,
l'Unione Europea è solo un'appendice della colonizzazione americana, se l'avessero fatta gli europei non l'avrebbero mai chiamata Unione Europea, ma qualcosa come Sacro Nuovo Impero Romano Socialista,
e la NATO e l'ONU è sempre l'America,
ma nei miei sogni solo l'America potrebbe cambiare il mondo e far evolvere il capitalismo assoluto in cui siamo sprofondati entrando nell'era del dono,
Marcel Mauss, Mauss, Mauss,
basterebbe così poco e torneremmo ad avere spazio per farci la domanda,
basterebbe uscire dal profitto fine a se stesso e adottare strumenti di scambio più umani e torneremmo ad essere più umani
e secondo me ci siamo,
la rivoluzione elettrica ce lo imporrà,
molte delle opere che faccio non voglio abbiano valore di scambio, le dono e chi vuole sostenermi può farlo con una donazione non per la singola opera ma per il complesso della ricerca artistica e culturale che faccio,
ecco, cerco di incarnare questa rivoluzione del dono in ciò che faccio,

la logica di mercato probabilmente è perfetta per regolare gli scambi di bulloni, di carbone o di spezie, ma non può regolare i rapporti umani e insinuarsi nell'identità più profonda dell'essere
altrimenti il danaro diventa davvero un dio,
anzi già lo è,
ma è un dio di carta, metallo e bit e di fronte a lui io mi sento ateo
e dobbiamo bestemmiarlo e toglierli potere e darne alla poesia, allo spirito e agli abbracci,
che bello sarebbe il mondo senza danaro,
se devo proprio sognare un'utopia sogno questa,
mi sembra il miglior altrove in cui addormentarsi

ALTROVE

Altrove,
una parola sparita dall'orizzonte del nostro universo semantico,
altrove, un altro luogo,
oggi è difficile trovare un altrove,
nella storia molti angoli di terra ospitavano degli altrove,
così misteriosi da ispirare storie e leggende, come quella del prete Gianni, di Shangri la, o dell'Ultima Thule,
chissà che dire di Atlantide,
poi abbiamo inseguito la voracità della nostra conoscenza e abbiamo conquistato ogni angolo di globo
abbiamo esaurito gli altrove
lo abbiamo fatto noi occidentali, lo hanno fatto i russi, ora lo fanno i cinesi, lo avrebbero fatto anche i nativi americani se solo avessero scoperto armi e tecnologie più potenti,
ma lo fanno anche i popoli che emigrano,
nessuno è immune dall'ingordigia e dalla ricerca di potere,
ma senza altrove la nostra anima si sente intrappolata
e deve creare nuovi altrove artificiali
e allora ecco che i miliardari vogliono viaggiare nello spazio

mentre i più poveri si accontentano di qualche videogioco e in troppi si drogano e si ritrovano in un altrove infernale
e poi in tanti, in così tanti, sempre più persone cercano un altrove in un nome da darsi,
un nome, non il nostro vero nome ma quello di un altrove identitario in cui fuggire,
una personalità di cartapesta da mostrare al mondo,
l'appartenenza a una tribù con cui andare oltre il buio del nostro io più profondo,
che sia un tatuaggio da imprimere sulla carne o un'idea intorno a cui danzare insieme ad altri sperduti in cerca d'altrove,
una convinzione fattasi dogma e piantata in questo liquido in cui affoghiamo senza morire,
alla fine quando l'essere umano camminava sulla terra desiderava il liquido amniotico da cui proveniva e ora che ci siamo dentro, in totale indeterminazione, senza scogli su cui fare dimora, desideriamo di nuovo una terra,
un altrove, sempre un altrove,
tutti spasimiamo per un altrove in cui fuggire, almeno ogni tanto, dalla condanna a questa umanità naufragata nella liquidità, in questo mare tutt'altro che innocuo e così salato da corrodere ciò che resta di noi,
avere un altrove è un sollievo
ma l'unica condizione geografica in cui la domanda si

manifesta è il qui,
trova il tuo qui e avrai trovato la giusta cornice per lasciarla risuonare,
allora non si può condannare chi cerca un altrove,
lo facciamo tutti,
ma senza trovare il nostro qui mai vedremo la domanda,
neanche in questa onnipotenza
narcisistica
contemporanea in cui siamo tutti precipitati
e lì c'è solo una terribile ansia

ANSIA E DEPRESSIONE

Ansia,
tutti si lamentano dell'ansia,
sterminate folle unite da un'esperienza comune,
quell'orribile mostro ci cresce dentro,
nell'umidità di viscere tese nel buio, dove si nutre dei nostri sogni trafitti, del sangue delle nostre ferite, dell'aria inquinata delle nostre prigionie
e così tante persone si ritrovano nel cuore il sangue infetto da quelle viscere,
il cuore pompa quel liquido marcio agli occhi
e noi vediamo tutto attraverso le lenti distorte e perverse dell'ansia,
ma l'ansia è solo un ingarbugliarsi arrogante e superbo di emozioni, ci sfuggono di mano, ne abbiamo abbandonato le briglie, le abbiamo lasciate libere in una corsa cieca,
come l'alleanza fra la tristezza e la paura, con artigli potentissimi ci trascina giù verso gli abissi più freddi della depressione,
depressione e ansia,
questi sono i sapori del liquame contemporaneo,
basta aprire le orecchie per scoprire le canzoni trap,
sembrano il grido di satana, vengono ascoltate da milioni di persone, così come musiche cupe e disperate,

frequenze perverse ci scuotono le cellule,
hanno successo film e serie TV nichiliste, parlano di spacciatori, malattie, carcere,
l'arte contemporanea sembra un'ambasciata del regno delle tenebre
poi ci meravigliamo se tutti soffrono d'ansia e depressione, persino i giovanissimi,
girate film come Sissi, Don Camillo o Colazione da Tiffany,
rifate la musica italiana degli anni "60 con quelle sonorità spensierate
e vedrete come l'ansia si dirada,
la depressione inizia a sorridere
e i baratri precipitano lasciando spazio a sterminate pianure di prati fioriti baciati seraficamente dal sole,
ma l'inconscio collettivo contemporaneo respinge con tutte le sue forze ogni raggio di positività,
nessuna forza deve ricordare agli umani l'ovvio, cioè che nel loro vuoto splende la luce del tutto,
dita provano a indicare il cielo fra le costole, vengono tagliate senza pietà,
ponti minati da esplosioni di buio non collegano più la terra e il cielo,
ma noi,
noi ce ne freghiamo
non ce l'hanno fatta, non ci hanno ancora convinto che

abbiamo perso le ali e quindi voliamo,
voliamo in cieli di poesia e arte
e siamo poco, poco contemporanei,
persi nella grande illusione dell'eternità,
questa è oggi la missione di chi vuole lasciare il mondo migliore di come l'ha trovato,
riportare scampoli di bellezza,
raggi di luce per tagliare le tenebre del pessimismo,
sorrisi per illuminare le stanze vuote della depressione
e abbracci per sciogliere il marmo sanguinante dell'ansia
e così il mondo futuro avrà il sapore dell'equilibrio fra ombra e luce, ci accarezza in un arcobaleno fra i monti,
o nell'oro, brilla sulla superficie del mare,
ma serve una evoluzione di sorrisi per schiaffeggiare il presente con la forza della verità
e per avere sorrisi veri servono persone disposte a mettere in discussione tutto e ad accogliere la rivoluzione della domanda
persone disposte a mettere in discussione l'idea stessa del contemporaneo

CONTEMPORANEO

Contemporaneo,
questa parola m'è sfuggita dalla lingua, e nell'istante in cui l'ho pronunciata era già vecchia e falsa,
dire contemporaneo significa sempre mentire,
mentre lo dici non è già più contemporaneo ma passato,
proprio come mentivano Gelasio, Ennodio, Cassiodoro e i tardo antichi, inventarono la parola moderno, moderno deriva dall'avverbio latino "modo", "adesso", e quindi è un modo antico per dire contemporaneo,
non si può imbrigliare l'attimo in un suono, né fermare il fluire del tempo innalzando dighe di parole,
il fiume del tempo non ha materia e continua il suo cammino, lineare o circolare chi lo sa, ma di sicuro non si ferma se non in assenza di se stesso,
alla fine anche la storia è condita continuamente di succo di bugia, con tutti quei nomi appiccicati al passato,
chi dice contemporaneo mente, mente sapendo di mentire come ogni vero fingitore,
dicendo contemporaneo non racconta un momento ma un vero e proprio insieme di elementi, con il tempo non hanno nulla a che fare, ma con la manipolazione delle menti sì,
l'arte contemporanea non è l'arte di adesso, l'arte non ha

un adesso, ma solo un sempre o un mai altrimenti non è arte,

l'arte contemporanea è semplicemente l'arte figlia di un mercato senz'anima, ha divorato tutto e reso tutto liquido, compresa la cosa più oggettiva, ossia la bellezza, fa di tutto per farla dimenticare agli umani,

l'arte contemporanea è arte post-satanica

tra il "700 e il "900 l'arte è stata serva della parabola autodistruttiva di Lucifero e alla fine ha perso contro un demone più potente, Mammona

se gli umani si ricordassero della bellezza da cui arrivano e in cui torneranno non si lascerebbero trasformare a turno in consumatori e oggetti consumati, ma tornerebbero a rimettere i numeri al loro posto, cioè sotto i piedi delle parole,

e finirebbe in un istante il marketing, perderebbe tutta la sua forza

e smetteremmo di considerare interessante usare parole inglesi, non servono a niente, solo a far arrendere la nostra lingua al popolo dei mercanti nella sfida con la realtà,

se solo le parole tornassero a tratteggiare nell'aria la bellezza che portiamo dentro crollerebbe in un istante l'Impero del danaro

e allora sì che inizierebbe il postcontemporaneo, unica possibilità per la domanda di tornare a essere posta,

il postcontemporaneo inizia solo là dove ci sono anime intrise di ricordo di esistenza e voglia di ribellarsi al potere dell'illusione monetaria,
postcontemporaneo è dove finisce il danaro e torna a pulsare la bellezza,
postcontemporaneo è dove ci sono anime talmente impavide da avere il coraggio di impadronirsi del tempo e di parlare la lingua dell'eterno
ed ecco, sì, quella domanda non si riesce a porre in una qualunque delle lingue di oggi o di ieri, ma serve una lingua dell'eterno, una lingua per imprimere
non nel tempo ma nell'eternità
orme di significato

L'ARISTOCRAZIA DI MCLUHAN

Anche se poi c'è un altro problema, ogni domanda ha chi la fa e chi la riceve, gli umani
ecco, sì, parliamo di umanità,
siamo tutti umanisti se pensiamo a Odisseo, ai greci o al Rinascimento,
ma lì comandavano in pochi, quelli della kalokagathia,
non erano solo buoni ma anche belli e quello è il punto,
e se non sai di cosa sto parlando, scusami, ma fermati qui
e riparti dai greci, i greci avevano già capito quasi tutto
ora il mondo è cambiato
e se hai letto McLuhan
e se non l'hai fatto fallo
Marshall McLuhan McLuhan McLuhan
c'è qualcosa a tormentarti almeno quanto tormenta me,
tutte queste macchine ci hanno fatto diventare un ammasso di imbecilli,
guardati intorno, è probabile che tu veda un imbecille a meno di due metri da te
quelli che arrivati in cima a un monte fumano una sigaretta e tirano il filtro fra i pini mughi o lasciano la plastica delle merendine nella pineta,
tante battaglie per l'uguaglianza per far andare in montagna gente così, un secolo fa non avrebbero mai

visto altro orizzonte se non quello dei campi
e invece adesso ci vanno per dirlo al bar quando tornano e mentre son su non sanno distinguere la voce della cincia dal suono del cellulare,
e se in una notte d'estate chiedi a un imbecille di guardare la luna quello accende il cellulare e cerca su Google,
ecco, Google e chatgpt e tutto il resto, una liana unisce tutte le menti del mondo e crea la struttura per un nuovo inconscio collettivo,
ma nell'inconscio collettivo da cui tutti attingiamo ci pisciano dentro queste masse di cretini,
mentre il Platone dei nostri tempi è un qualche professore woke di una qualche università americana,
oggi insomma niente kalokagathia e aristocrazia della bellezza,
siamo in uno strano ircocervo fatto di oligarchia e oclocrazia, cioè comandano in pochi, ma non buoni, pensano solo al profitto, ma per farlo tengono sottomessa e rimbecillita una massa sterminata di miliardi di persone,
alla fine Matrix è già realtà senza che le macchine abbiano preso il potere,
poi non lo prenderanno mai, la loro intelligenza, non chiamiamola così,
la loro "intelligenza" artificiale pesca dallo stagno del nostro inconscio collettivo per costruirsi

non c'è il rischio, le macchine non capiranno come diventare indipendenti,
tutte le menti sono schiave,
quindi non posso porre la domanda a queste masse instupidite, non servirebbe a niente,
un orecchio otturato di risposte preconfezionate non fa arrivare al timpano la vibrazione giusta,
alla fine è tutto un fatto di vibrazione
come quella di quando vedi una persona speciale e te ne accorgi al primo sguardo o quella persona terribile, sembra più un demonio che un umano, e ti mette con gli occhi il buio nel cuore
per cui la domanda arriva solo se pulisci le orecchie per bene se le rendi aperte ad accogliere le vibrazioni migliori dell'universo
e anche quelle peggiori
questo tormento di domanda le ha entrambe e anche molte altre
e non tutti i timpani riescono a vibrare per lei,
ma anche dentro l'umano più instupidito rilucono frammenti di speranza

CERCANDO

Ma io ho l'urgenza di farla, questa domanda,
l'urgenza parte dal profondo delle budella e strizza ogni cellula del mio corpo e vorrei urlarla,
ma non so urlare,
e vorrei suonarla, e infatti ci provo,
e vorrei dipingerla e quando ci provo la materia mi dice di rifugiarmi nelle parole
e allora ecco le parole, e la poesia,
ogni parola può essere poesia,
ma neanche le parole e neanche la poesia possono tratteggiarla in poco spazio, questa domanda ha una mano piantata fra le pellicce delle prime comunità di *homo erectus* e l'altra nella nebbia di un futuro misterioso e inconoscibile
e abbraccia ogni istante del respiro umano, si mischia con quello dei monti e delle foreste e delle aquile dei cieli e dei pesci degli abissi più bui e dei virus e delle balene e con quello del glorioso Re Teodorico, lui fu più di un imperatore, e dei Khan delle steppe, governarono l'Asia e dei sovrani africani, di loro non ci restano parole scritte,
questa domanda ce l'hai dentro anche tu, ma ne vedi solo una cima, spunta dal cuore della tua terra
e pensi sia quella la domanda

e c'entra di sicuro un ragazzo o una ragazza, un nome da darti nella società

o l'autostima, più la cerchi più sembra qualcosa da conquistare, quando invece è facile come respirare,

o magari, pensi, la domanda è nell'ansia per quel lavoro, proprio non ti piace, o nella paura di perderlo o nella tristezza di averlo perso,

ma tutto questo è solo la cima di un campanile di una chiesa sommersa e mangiata dai campi e dalle zolle, hanno mandato a fondo le ampie navate

e alla fine i contadini, in quella cima di campanile per secoli hanno tenuto al caldo i maiali e tu pensi di trovare la domanda nel trogolo dei porci inquieti e invece no, bisogna superare il disgusto, scavare nel loro letame e andare giù, in fondo, fra i vermi, loro divorano il tempo, ma la roccia no, non la divorano, e infatti l'impianto dell'antica basilica è ancora lì, corroso dal tempo, ma intatto e coperto da tonnellate di terra

e così scavi, scavi,

vai dallo psicologo, dallo psicoterapeuta, dallo psichiatra, e poi vai a fare programmazione neurolinguistica e neurosemantica e costellazioni familiari e reiki e pensi di aver conosciuto tutte le stanze della tua antica basilica e poi fai yoga e integrazione posturale ed esplori il tuo corpo e scopri che lì dentro c'è un mondo meraviglioso e te ne riappropri e vuoi metterlo in ordine e diventi

vegetariano e poi vegano e poi crudista e poi togli il glutine, i cereali, e allora torni onnivoro, ma stavolta hai consapevolezza, l'uomo è ciò che mangia e allora vorresti mangiare solo rarissimi uccelli estinti per sentirti unico
ma intanto ti sei perso e hai smesso di scavare e allora trovi un mistico su una montagna e con lui ti spingi ad esplorare anche la cripta, lì già nei tempi lontani si nascondeva ciò che deve stare al buio,
eppure la domanda non la trovi neppure lì

SOTTO LE MASCHERE

Siamo tormentati dai quesiti intorno al senso della vita, cerchiamo il sapore dell'esistenza, per rendere questi giorni degni del battere impetuoso del cuore
e io ho una terribile risposta
e tu avrai anticorpi moderni, si agiteranno e magari anche vaccini contemporanei, te li hanno iniettati e questa risposta non entra in circolo
ma la risposta è molto chiara,
il senso delle cose non sta in te
questa affermazione si scontra come un meteorite sulle centinaia di ore di corsi di motivazione e autostima, le hai pagate care, te lo hanno insegnato, sì, tu sei padrone della tua vita, artefice della tua fortuna e devi liberarti da ciò che gli altri dicono di te,
cadono catene davanti agli occhi, si stringono catene dietro la schiena
io ho fatto il mental coach e te lo dico, liberati dal peso di ciò che gli altri dicono di te, ma tienilo bene a mente, ciò che tu dici di te stesso non pesa molto più degli altri nomi appiccicati su di te dagli altri, non è detto tu abbia migliori capacità degli altri di vedere la realtà,
tu non sei chi decidi di essere tu,
sei il frutto di un amplesso incestuoso fra eventi

programmati e caso, scelte tue e onde dell'universo, ciò che vedono i tuoi occhi e ciò che il resto del mondo vede di te,
ma tu, in solitudine, non vali nulla anzi non esisti proprio,
il suono del tuo nome è come un fiato d'aria spenta e senza ossigeno se non trova un timpano da smuovere,
tu non sei ciò in cui ti identifichi,
che ideologia insensata da insegnare ai nostri ragazzi,
se siamo davvero ciò che ci sentiamo allora sentiamoci tutti degli angeli, degli arcangeli e dei Cherubini e tutto è risolto,
se davvero cerchi il senso della vita, dell'esistenza, se cerchi il tuo vero nome e davvero vuoi trovarlo non far crescere dentro di te un personaggio immaginario,
se davvero vuoi trovare il tuo nome devi imparare a liberarti da te stesso, dai tuoi pensieri, dagli specchi della tua casa e da ciò che pensi di te,
basterebbe leggere quel novecento erudito e pulsante di Borges,
Borges, Borges, Borges,
per capire che ogni persona, ogni incontro, è uno specchio, ti restituisce uno spicchio di te, tu da solo non potevi vederlo
e basterebbe leggere Pirandello per capirlo, ciò che ci ostiniamo a dire di noi stessi è solo una fra centomila

voci, ciascuna tratteggia i confini della nostra identità,
Pirandello, Pirandello, Pirandello,
Uno, nessuno e centomila come lo abbiamo dimenticato e anche se si studia a scuola e anche se ricordiamo il suo Nobel abbiamo dimenticato il suo sapore e la sua voce più vera,
non sei ciò che ti senti, sei il complesso risultato del confronto tra te e il resto del mondo e solo in quel difficile confronto nasce la condizione minima per il fiorire della vita, della felicità, della domanda,
non posso farti una domanda se ancora pensi di essere chi pensi di essere, se non hai ancora aperto la tua identità all'infinita molteplicità dei tuoi io riflessi nel prisma della realtà,
a chi ha orecchie aperte solo alla propria voce non serve far risuonare una domanda nell'universo
e tutto questo è solo uno dei sintomi più pallidi del male più profondo di oggi, questo morbo ha infettato quasi tutti in Occidente ed è il vero e peggiore virus mai sparso, non uccide sempre i corpi ma le anime di sicuro ed è diffuso, molto diffuso, la parola più adatta per raccontare il presente è
pandemia

L'ERA DI NARCISO

Pandemia, pandemia, pandemia,
la più pervasiva e dilaniante degli ultimi secoli e ancora non abbiamo trovato un vaccino
e a dire la verità schiere di ciechi conformisti si ostinano a non accettare neppure la diagnosi
narcisismo patologico, l'incapacità di rendersi conto che esistono anche gli altri
una pandemia di narcisismo patologico si spande dagli schermi piccoli e grandi ai crani pieni di giovani spugne, loro non aspettano altro che del liquido da assorbire
e noi offriamo solo questo maledetto narcisismo patologico, tutti si fanno pianeti solitari e disabitati e ogni elemento del cosmo e ogni altro umano dovrebbe orbitare come un satellite muto e obbediente intorno ad ogni pianeta
ideologie costruite con la cartapesta per coprire il vuoto, non lo sappiamo più gestire, non sappiamo più dargli una spiegazione razionale e quindi neppure emotiva e lui ci pervade con disagio, noi non ne capiamo più il senso,
ideologie distaccate dalla realtà,
una volta era il comunismo da salotto,
poi l'ambientalismo da cemento,
poi la fluidificazione capitalistica dell'identità sessuale e

la psicosi woke,
la nostra unità sociale e umana è stata scomposta, ora i laboratori del consumismo stanno minando atomi da frammentare in unità ancora più piccole e disunite dal resto per poterle poi vendere al migliore offerente
e ncosì ci ritroviamo infinitamente narcisisti, abbiamo i sensi intasati dalle incrostazioni del nostro ego solitario e quindi malato
e non serve far vedere, ascoltare o sentire la verità,
vediamo, udiamo e sentiamo tutto filtrato dai nostri dogmi
e guai a tentare di confrontare due visioni del mondo, guai a cercare le sfumature dei colori, il mondo è in bianco e nero e così o sei d'accordo con me o sei intollerante omnifobico e tutto il resto,
ma senza confronto il pensiero rimane una pianta rinsecchita destinata a essere spazzata via dal vento della storia
e senza confronto non c'è vita, non c'è pulsare di cuore, c'è solo il veleno della solitudine in cui fioriscono fiori del male, sono belli solo dopo Baudelaire, prima erano solo fiori del male, ma restano anche ora spinosi e dolorosi e infatti profumano di superbia, orgoglio e depressione,
sì depressione, anime solitarie sedotte dal male finiscono per diventare tristi, molto tristi
e alla fine il traguardo a cui tutto questo ci porta è

l'autodistruzione, autolesionismo, veleni iniettati in corpo sono solo piccoli sintomi,
la nostra identità è fatta per stendersi ad abbracciare gli altri e se non lo fa il meccanismo si inceppa e l'ego diventa ipertrofico come un tumore delle interiora
e alla fine il problema sta, lì in quelle tre lettere dal sapore latino ottocentesco con cui dobbiamo continuamente fare i conti: ego

EGO, SCIENZA E DANARO

Dire ego già significa fare l'occhiolino a Freud
e io invece a Freud farei un inchino riverente per i suoi scritti sui sogni
e darei uno spintone per cancellarlo dal mio cammino per tutto il resto
dei due chi aveva capito di più era Jung infatti neppure si studia all'università
da Freud parte l'illusione tardo tipografica, il mistero delle profondità umane ridotto alle fredde categorie della scienza moderna
e la scienza moderna sta per sparire di nuovo nell'era elettrica tribale,
lascerà forse spazio a delle pseudoscienze, e ci cureremo bevendo acqua del bagno di un qualche influencer americano,
anzi è già successo, la scienza si piega ad altri interessi
da quando sono bambino qualcuno mi terrorizza, la mia città, che è a 12 km dal mare, l'anno prossimo finirà sott'acqua, dicono, per il surriscaldamento globale causato dal potere del maschio bianco
e tutto questo "lo dice la scienza"
e io intanto ho 45 anni, sono ancora un maschio bianco e la spiaggia è ancora lì, non è arretrata di un centimetro e a

questo punto o il mare si alza di due metri in un anno oppure morirò sulla spiaggia che doveva sparire,
ma i fatti sembrano convincere meno della propaganda conformista delle serie TV e dei mezzi di comunicazione di massa
e la realtà a cui la massa crede infatti è quella dentro gli schermi,
se in una serie Netflix la mia città fosse finita sott'acqua la gente ci crederebbe e non uscirebbe più di casa
e infatti vado nelle scuole e i ragazzi, spaventati, mi raccontano un mondo alla fine per colpa nostra
anche se non sanno spiegare bene come
ci sono sempre profeti di sventura, vogliono spaventare le persone, così non si porranno la domanda,
per alcuni il mondo sarebbe finito nell'anno mille, per i testimoni di Geova nel 1878, per altri lo stiamo finendo noi,
poi vai a vedere ed è solo una questione di quattrini, nuove economie, gente potente vuole piegare la scienza al proprio interesse e ci riesce con la fluidità con cui una trota nuota fra le pietre bagnate del fiume,
ecco, la scienza e la medicina e la religione e qualunque altra cosa abbassano la testa e si inchinano di fronte all'unico vero vitello d'oro di questi tempi,
ma oro che più oro non si può, è sua maestà il danaro, divinità indiscussa di questa umanità contemporanea

vuota e sperduta, si vive solo per contare
e il danaro non vibra per porti la domanda, ma tintinna solo per moltiplicare se stesso all'infinito finché non avrà ridotto a numero ogni fiato
e nei numeri ci sono solo i numeri,
sono solo mezzi, mezzi potentissimi, noi li abbiamo trasformati in fine
e i mezzi, sì, sono molto contemporanei

FINI E MEZZI

Fine e mezzo,
com'era carino Aristotele, per lui i mezzi erano neutri e solo il fine poteva renderli buoni o cattivi,
un mitra non è cattivo di per sé ma solo se lo usi per ammazzare le donne di una tribù indifesa,
se invece ci fai fuori i cattivi è buono,
il problema è definire chi sono i cattivi,
dovremmo capire se lo erano Saddam Hussein con le sue armi di distruzione di massa, non c'erano neanche, o Gheddafi, fino al giorno prima era un grande amico poi è diventato tutto d'un tratto un sanguinario dittatore da abbattere con i caccia
e poi metti un mitra nelle mani di un egotico e il suo ego si sentirà onnipotente e lui andrà in una scuola e farà fuori tutti quelli che sfuggono dalle sue gabbie cerebrali,
abbiamo dato mezzi a tutti, danaro a tutti
e ci ritroviamo il pianeta sporco, lercio, lurido di plastica e aria cattiva, tutti hanno una macchina, tutti devono volare a Ibiza e a Cortina o almeno lontano quanto basta per sentirsi qualcun altro,
se fossimo più distaccati dall'utile ci chiederemmo se tutto questo fa bene o se alla fine sono meglio le civiltà arabe dove lo sceicco è fantamiliardario e la gente è povera,

ma tanto stiamo già andando in quella direzione anche in Occidente, perché i Jeff Bezos e gli Elon Musk saranno sempre meno e sempre più potenti, mentre noi saremo sempre più costretti ad arrangiarci

e anche se tutto questo discorso è contraddittorio non importa perché tanto è altro ciò che conta,

e io di tutte queste cose non ho mai capito un fico secco

e anzi se incontrassi Elon Musk gli stringerei la mano per avercela fatta, ma di certo non lo invidio, non so se lui è davvero felice fra elicotteri e auto dorate, io invece perso fra la pineta e il mare sì lo sono eccome,

e mi gusto fra le labbra il sapore della domanda

e poi comunque Aristotele è morto, se mai era nato,

il più elementare ragionamento logico soccombe fra le grida insensate e i vessilli dell'intelligenza emotiva

e non pensano, sentono con la pancia,

ho visto con i miei occhi ragazzini imbrattare con la vernice una statua di Vittorio Emanuele a Milano per protestare contro il cambiamento climatico e trovo umiliante, da vecchio ambientalista, dover scendere alla logica elementare per spiegare l'ovvio, il cambiamento climatico è l'essenza della natura, cambia come le pare

e solo un atto di sterminato narcisismo può attribuire all'essere umano la capacità di influire su quanti gradi la natura deciderà di darsi fra cent'anni,

e comunque se anche sei convinto di un assunto tutto da

dimostrare, ossia che l'essere umano influisca in modo significativo sulla temperatura dell'ambiente, mi devi spiegare in che modo pensi di risolvere il problema imbrattando la statua di un Re di 150 anni fa,
è come se per togliere umidità dal tuo appartamento vai insultare il pakistano che vende kebab in piazza,
questi sono il prodotto ultimo dell'insensatezza contemporanea, incapaci di ragionare,
se è l'essere umano il cancro della società, se davvero credi che il problema siamo noi e tu vuoi risolverlo, l'unica cosa logica che puoi fare tu usando la tua libertà è toglierti di mezzo,
alcune delle forze al potere nel mondo desiderano proprio questo, farci suicidare tutti,
queste sono le conseguenze del lasciar governare le emozioni senza briglie,
le emozioni sono preziose, preziosi alleati nella nostra relazione con la realtà, ma non possiamo sottometterci alla loro tirannia, fluiscono,
sono mezzi per adattarsi, e il tragitto non lo decide la macchina, ma chi guida,
invece con le emozioni sembra debbano decidere le ruote e sui loro tragitti non risuonano domande, per trovare domande bisogna sciogliersi dal destino di alvei legati allo scorrere del tempo e trovarsi là dove il tempo si ferma, come quando arriva un temporale

DIGRESSIONE OLTRE IL LIQUIDO

A me piace molto il temporale
anzi ogni tanto tutti dovremmo riceverne uno come dono,
pioggia batte sulla materia, cerca di penetrarla
un po' ci riesce un po' no
e allora si abbandona a se stessa, scorre via giù in basso o chissà dove in attesa del primo raggio di sole
e lì si aggrappa e si fa riportare in alto, umida, in attesa di riprovare a fecondare la materia nel ciclo infinito in equilibrio sugli elementi
e lì in mezzo esplode un fulmine con tutto il suo fascino misterioso, insieme di fuoco, potere, impotenza,
il temporale è la più nobile forma di equilibrio fra la materia e il liquido, la risposta più aristocratica alle teoria di Bauman,
dobbiamo far esplodere l'era del temporale
con il temporale il liquido sale al cielo - abbiamo dimenticato come si fa - e poi ripiomba giù da qualche altra parte a dare significato e vita
ecco, dovremmo essere noi temporale,
sfruttare la liquidità presente per salire alle nuvole
anzi farci nuvole e da lassù esplorare luoghi dove ancora resiste un'isola e piombare giù a cercare di fecondarla,

magari nascerà qualcosa,
nascerà un futuro diverso,
serve solo una cosa
il sole

il sole fa evaporare l'evanescenza del nostro presente liquido e lo eleva a un mistico stato gassoso capace di salire al cielo

e forse manca proprio il sole a queste giornate frammentate nel mosaico fasullo e un po' perverso dei pixel,

non c'è luce solare negli occhi bruciati dai freddi soli artificiali delle nostre case, dei nostri computer, non fanno evaporare neppure una goccia del nostro smarrimento,

il sole più alto splende nei cieli della mistica, ma è stato bollato come fanatico da questa società plastificata, il cielo è coperto di nuvole fatte di pensieri e nuovi dogmi

e forse solo ora dopo molti secoli qualche raggio torna fendere le nuvole,

ma non bastano a far prendere fuoco a una legna bagnata come quella di oggi,

tutti i vecchi soli danteschi si sono lentamente spenti come si spegne una fiamma, nessuno la alimenta più con la giusta legna,

altri soli sono sorti solo fugacemente sotto forma di ideologia, ma si sono dimostrati piuttosto distruttivi

asteroidi
e così siamo al buio in questo mare, ci gela i polmoni, non riusciamo più a respirare
e viviamo pure nell'angoscia di chi è senza ossigeno,
eppure una luce non ha mai smesso di brillare, come una luna riflette il sole più alto
e questa luna forse non scalda, ma indica incessantemente cosa c'è dietro all'illusione delle nuvole
e questa luna semplicemente è la parola

LA LUNA DELLA PAROLA

Parola,
l'eterno principio ritorna sempre, era ed è e sarà la parola,
la stiamo usando anche in questo momento per metterci in comune, per essere in qualche modo una cosa sola,
la parola è l'unica vibrazione capace di navigare nel nulla costruendo ponti fra gli ego
e infatti la parola crea e si fa poesia nel momento in cui diventa relazione,
e infatti eccoci qua ad esistere e a parlare,
a stendere parole fra me e te,
questo gesto rivoluzionario fa impallidire il nulla,
proprio come quando si fa l'amore, alla fine ogni parola è un atto d'amore e forse la domanda è l'atto d'amore più alto di tutti,
ma non sappiamo mai se queste frecce dell'Eros verbale raggiungono i cuori e fecondano l'altro, se si spengono prima di centrare l'obiettivo o se invece di far germogliare amore fanno incancrenire odio,
sono spessi i muri qui nella torre di Babele, li abbiamo ricostruiti con la malta della superbia e i mattoni della tecnologia elettrica,
muri spessi e impenetrabili,
ogni cranio una stanza solitaria dove rimbombano parole

impazzite, non trovano un timpano da far vibrare e come pipistrelli sbattono contro ogni parete emettendo un grido di disperazione,
ogni parola ha la necessità di trovare un altro a cui incastrarsi,
ogni umano ha il sanguinoso bisogno di parole a cui aggrapparsi
e così ecco, dobbiamo incontrare una parola per convincerci a cercare una via d'uscita nell'unico posto in cui è
in alto
aspettiamo dita, ci indicheranno la luna, alzeremo lo sguardo e ci accorgeremo della grandezza dell'universo e della sua luce così pervasiva
e forse le parole dei poeti e la materia degli artisti non sono altro che un dito fragile,
crollerà la cappella Sistina, verranno dimenticate le parole di Omero, si spegneranno le note di Mozart,
ma la luna continua a splendere come promessa d'amore del sole
e il sole non ci abbandona neanche nella notte più lunga

AMORE

L'amore vince tutto
ma per farlo deve esistere
l'amore nelle nostre vite esiste solo come instabile equilibrista sul filo dell'incontro delle anime,
ma non può neppure provare a stare in piedi se quel filo non viene steso e ogni anima si condanna alla solitudine,
veniamo allevati come polli in batteria, in gabbie di silicio e plastica,
ci convinciamo di essere chi decide qualcun altro,
perdiamo dalle dita le briglie della nostra vita,
non possiamo neppure immaginare cosa significhi donarsi a qualcuno,
per donare qualcosa bisogna esserne se non proprietari almeno temporanei possessori
e invece noi non possediamo niente di noi,
non certo le emozioni, ne siamo schiavi alla prima angoscia,
non certo i pensieri, ce li lasciamo vomitare nel cranio dalle bocche a forma di schermo con cui i potenti ci tengono sotto controllo,
non certo i sogni, dai quali ci lasciamo vaccinare con il pessimismo dei millenaristi contemporanei
e allora di noi non padroneggiamo nulla e nulla possiamo

donare

e spesso anche le parole non sono realmente ponti verso l'altro, come dovrebbe essere ogni parola, ma echi di parole d'altri e rimbombano nella caverna della nostra solitudine,

spesso tagliando i ponti con la realtà persino del proprio corpo e iniziando un monologo,

scegliamo parole preconfezionate, abbiamo dimenticato la magia dell'incontro con gli altri da cui nascono parole uniche e irripetibili, spesso si incastrerebbero alla perfezione con qualche sporgenza o anfratto del mistero della nostra identità come puzzle ben congegnati,

quest'era ha soffocato l'amore, ha tagliato le mani con cui ci toccavamo per inchiodarle sulla croce delle tastiere,

ha incatenato le braccia con cui ci abbracciavamo per impegnarle in solipsistici sollevamenti pesi,

ha strappato gli occhi con cui ci guardavamo e li ha incollati ai loro schermi a palpebre bloccate come in una perpetua Arancia Meccanica,

invece un atto d'amore è semplice, consiste nel guardare l'altro negli occhi, nello stringergli la mano, nell'abbracciarlo con tutto il corpo,

stiamo smettendo di fare pure quello,

oppure consiste nel dare e ricevere una domanda, proprio come sto cercando di fare io

alla fine tutte queste mie parole sono solo fiati o

scarabocchi, vorrebbero portarti un po' dell'amore che voglio avere per te,
che tu ci creda oppure no ti sto parlando perché ti amo
e nell'amarti cerco di mettere in comunione con te quello che posso,
e quello che posso condividere come terreno in cui far germogliare la domanda è la meraviglia della nostra follia

FOLLIA

Siamo tutti matti,
alcuni se ne rendono conto, altri passano la vita a nasconderlo sotto cliché, divise e conformismo
e questo lo aveva capito Shakespeare, lui è follia in ogni sua manifestazione,
e tutto il teatro e il gioco delle maschere ci mostrano come la verità per essere intravista ha bisogno di follia, tanta follia
gli occhi della ragione non bastano a contenere la vastità della verità nella sua interezza
e appena si spostano poi si dimenticano di cosa avevano visto prima
e così tutto è cambiamento
e solo i matti vedono la verità in un istante eterno
e quindi impazziscono,
Shakespeare Shakespeare Shakespeare
come lo aveva capito bene Shakespeare,
ma oggi è diverso, oggi non siamo folli e quindi immersi nella verità,
oggi siamo matti e quindi in balia degli psichiatri,
lo aveva capito nella carne e nel cranio martoriato dagli elettroshock anche Alda Merini
eppure siamo ancora allo stesso punto,

qualunque cosa ti accada ci sarà un nome per metterti un marchio di psicopatologia

e non conosci Thomas Szaz, la sua teoria dell'epidemia della psichiatria e la psichiatrizzazione della società e tutta la sua critica all'emergere di tutto questo, non te lo vogliono far conoscere,

così se per un attimo sei un po' triste arriva il marchio a fuoco della depressione e giù di benzodiazepine e il signor Xanax aumenta il fatturato

e se mangi troppo allora sei bulimico e quindi pagati una terapia e assumi inibitori selettivi del reuptake di serotonina e diventa familiare con il nome Prozac,

quando mangi troppo poco sei anoressica e quindi non puoi fare a meno di assumere farmaci antipsicotici atipici,

e quando ti piace molto il sesso allora sei ipersessuale e hai la satiriasi e devi pagare un terapeuta a cui dirlo e pigliati gli antiandrogeni,

e quando ti piace poco il sesso allora hai il disturbo ipoattivo del desiderio sessuale e ti prendi il flibanserin e anche il viagra,

un tempo ingerivamo ostie consacrate con la speranza di salvare l'anima oggi inghiottiamo pillole senza neanche avere più speranza di nulla,

siamo una civiltà delle pillole e delle etichette

e oramai nessun comportamento o pensiero sfugge alle

gabbie della psichiatria
e ciascun disequilibrio trova pillole, riportano l'equilibrio, dicono,
come in piedi su un filo di vita il cui baratro è l'esistere,
ma esistere è troppo per dei consumatori, ci siamo fatti prodotto, possiamo al massimo fingere di essere, senza dimenticare di pagare,
siamo nell'epoca più benedetta dal cielo, in Occidente nessuna guerra per decenni, ricchezza, igiene, infinite possibilità e quindi per forza dobbiamo credere a chi ci racconta la fine del mondo o la razza umana come tumore della terra
ci dipingono tutti come malati, terribilmente malati nella mente e nell'anima
non riusciamo a giustificare quel disagio che ci tormenta affacciandoci sul nostro vuoto, non lo sappiamo abbracciare
e così giù pillole,
ma ringraziamo anche, obbedienti, questi nomi appiccicati addosso sono nomi facili,
non dobbiamo neanche sforzarci di viaggiare oltre la più immediata superficie alla ricerca del nostro vero nome e già ne abbiamo uno, comodo
e siamo anche un po' orgogliosi di essere bipolari, o borderline o di avere la disforia di genere
e così ci sentiamo qualcuno

e in un nome troviamo un altrove per l'insopportabile necessità a cui ci sentiamo condannati,
il vivere ed è insopportabile,
la domanda ci pulsa dentro ma noi invece di scavare a cercarla e a placare la sua sete la copriamo di strati e strati di illusione e così alla fine ci tormenta dentro ma neanche più sappiamo cosa sia,
sappiamo solo di stare male, di essere a disagio
e se qualcuno ci dice il motivo senza scomodarci troppo né metterci in discussione allora lo seguiamo come i topi seguono il pifferaio magico
e finiamo per vivere tutti un po' in una psicosi

PSICOSI

Per psicosi intendo proprio psicosi, un disturbo psichiatrico, la psicosi causa alterazioni significative nella percezione o nell'interpretazione della realtà e riempie la vita di allucinazioni e deliri,
forse li abbiamo avuti sempre,
ma oggi se un umano entra in una psicosi dobbiamo tutti entrarci con lui e fingere di vedere verità tutto intorno,
questa è l'era del "sono ciò che mi sento", "sono ciò in cui mi identifico"
e chi sono io per combattere questa psicosi, mica uno psichiatra ma piuttosto un matto
e allora ci sto bene in questa follia e decido di viverla e invece di cercare di rispondere alla domanda decido di darmi delle risposte a caso, inseguendo un po' i crampi della pancia un po' i sogni plastificati di quest'era
e allora mi posso identificare in un aquilone, volare in alto, lontano lontano e vedere tutto il mondo in una volta
ma già che sono lì allora sarebbe meglio essere una vacca, su questo mondo ogni tanto verrebbe voglia di scaricare i prodotti delle budella e non quelli di un un innocuo uccellino
ma poi ci penso e dico no, questa pulsione è solo pancia - e fin qui è chiaro a tutti - ma questa pancia l'hanno fatta

ammalare a furia di dire che tutto fa schifo e a furia di sentirlo dire ci ho creduto pure io
poi però mi sveglio una mattina vedo un raggio di luce ed ecco che non fa schifo per niente
e finisco a vedere San Vitale a Ravenna e altro che schifo
lo scopro lì, la materia nasconde una bellezza inimmaginabile finché non la vediamo
e allora gli occhi riconoscono la psicosi, è psicosi credere di essere il cancro della terra, credere di essere cattivi e la causa di tutto
basta guardarsi intorno, il sorriso del cucciolo di cane è bellissimo, risuona dentro di me,
e il cielo splende nei miei occhi
e il mare mormora nelle mie orecchie
e il gelsomino, ah il gelsomino parla alla mia pancia e la fa guarire con il suo profumo, mi ricorda la verità
e allora è tutto bello, anche il travestito a cui la vita non ha fatto accettare il proprio corpo,
il naso, serve il naso contro i profeti di sventura
al naso non hanno ancora trovato il modo di mentire e vive in una dimensione di verità,
ecco, altro che psicofarmaci, annusiamo i fiori
e allora sì, potrò anche io porvi la domanda, ma dobbiamo allenare molto le narici per imparare a zittire i profeti di sventura

PROFETI DI SVENTURA

Prima dell'anno mille gracchiavano tante cornacchie, per loro il mondo sarebbe finito lì, quel 31 dicembre, la fine era vicina e tante persone buone ci credevano
che bella deve essere stata l'alba del 1 gennaio 1000 e quella del 1001, chissà che soddisfazione guardarsi intorno e continuare a esistere, alla faccia delle cornacchie
chissà che bello tornare a vedere la luce in tutto il suo splendore, il suono della brezza del mattino ci dice buongiorno per il nuovo millennio
e il freddo o il caldo e il profumo della giornata, inizia insieme al nuovo secolo, e tutto ci sorride
e ci dice "vai avanti"
e a dir la verità per me ogni mattina è un nuovo secolo e un nuovo millennio,
ogni mattina è un nuovo risveglio spirituale
me lo insegnò il mio maestro, il cardinal Tonini
a 90 anni ogni mattina si svegliava e diceva "quanto bella è la vita che mi è stata donata"
e capita anche a me e ogni mattina mi sveglio e mi ricordo di quei catastrofisti, loro sono ancora lì a dire che sta tutto finendo e finiremo sott'acqua e io sono ancora qui a godermi la vita,
e se anche succedesse la memoria parla chiaro, un tempo

c'era mare dove adesso c'è terraferma,
ma a qualcuno fa comodo tenerci nella paura della fine del mondo,
una persona spaventata è una persona malleabile,
ha un bisogno e qualcuno può trovare un modo per colmarlo,
il loro problema è che prima o poi c'è sempre un'apocalisse,
che bella parola apocalisse, con il suo antico risuonare greco, significa strappare il velo, svelare,
e quindi prima o poi le bugie di chi ci racconta la fine del mondo si svelano,
sarebbe bastato guardare il Trono di Spade, le stagioni cambiano sempre e non è Tyrion Lannister a farle cambiare,
ecco, sì, cambiamento
la natura deve diventare un feticcio da adorare e da mettere sotto una campana di vetro, ne vogliono fare un museo, raccontano qualcosa di statico, fermo, morto,
come sono conservatori questi catastrofisti,
ma la natura è un ribollire di cambiamento, luce e buio, vita e morte, sin da quando c'era il brodo primordiale
le montagne di Cortina una volta erano sotto al mare, mi sembra di sentir parlare dei ciechi
immersa in quest'ansia per forza la nostra anima si sente a disagio, e nel disagio proliferano tossine
ecco il vero problema della società di oggi, è davvero tossica e drogata

DROGA

Siringhe penetrano banalmente la carnalità dell'essere,
siringhe iniettano la banalità carnale del male,
aghi varcano la pelle giovane della nostra identità antica,
aghi fanno da ponte fra il nostro corpo e l'inferno bruciante,
ma gli aghi sono solo la cavalleria di un esercito multiforme, ci sta dilaniando e decimando,
un esercito fatto di fumo, polvere, pillole,
angeli caduti portatori di molecole inquinate, geneticamente modificate,
capaci di portarci in un altrove, in un altro io, lontano dal dolore del nostro incompreso vuoto,
pus della ferita scavata dalla domanda non risposta,
intere generazioni intrappolate in corpi avvelenati da ogni tipo di sostanza cosiddetta stupefacente
ma non fa più stupire nella sua forza distruttiva, è banale, banale, banale,
nascosta dietro a formule conformiste, nomi chimici, inganni della mente, la mente vuole distruggere il corpo per finire la propria agonia di contraddizione mal accettata,
bisognerebbe rendere libere tutte queste sostanze, liberarle dalla forza della trasgressione

ma cambiare il nome, semplicemente il nome
e chiamarle con la parola giusta ossia veleni,
cocaina, eroina, ecstasy,
veleni, semplicemente veleni,
veleni, si trovano liberamente in ferramenta e chiunque può comprarli,
solo un imbecille metterebbe nel corpo veleno volontariamente con la coscienza funzionante
mentre magari non mangia carne per non avere il colesterolo alto,
ho pena, grande pena, persone inciampano nella propria fragilità e non riuscendo ad abbracciarla si avvelenano, stordiscono il presente per sbiadire i sensi, alleggerire i pensieri e bucare la bolla delle emozioni
ma questo significa vivere di meno, non solo chi si avvelena muore prima, ma quella non è vita,
è un dipinto con i colori sbiaditi dall'acido
e basta vedere l'arte contemporanea per capirlo, l'inconscio collettivo in cui tutti nuotiamo è avvelenato, profondamente avvelenato
anzi non c'è più spazio per i sani, la legge di Gresham è spietata,
mostre tossiche, arte stampella di artisti avvelenati, dipendenza dal veleno, l'arte ha abbracciato il cammino dell'autodistruzione,
il fine è solo quello, bisogna dirlo, il fine di

autodistruggersi è oramai la Costituzione, solo questa Costituzione vige nel mondo libero sotto la tirannia di se stesso,
un setaccio porta alla massa i semi della sua autodistruzione,
colpe antiche scritte nel DNA dell'esistere addossate sulle spalle fragili di chi si è appena affacciato nel presente,
hanno cancellato ogni speranza
e per forza che poi i ragazzi si drogano quasi tutti,
in così tanti praticano forme di autolesionismo, fumano, si avvelenano, alla fine drogarsi è seguire l'istinto di morte
ma quel quasi è un raggio di speranza, nonostante tutta la potentissima propaganda a cui sono sottoposti nelle serie TV e sui social per renderci come la Cina dell'800,
stordita dall'oppio,
c'è ancora qualcuno che sceglie di sperare,
qualcuno ancora non si droga e sceglie la verità di se stesso
e la luce,
e alla fine è tutta una questione di luce, se facciamo un passo nella dimensione mistica il linguaggio si fa simbolico e chiarissimo
e indica con estrema chiarezza il motivo di tutto questo,
qualcuno fa di tutto per evitare risposte alla domanda e ci accompagna tenendoci per mano in questo cammino

lastricato di veleni e stordimenti verso il fine agognato dell'autodistruzione,
è così semplice, se lo chiedete a un bambino lo sa,
un adulto lo vuole dimenticare e lo nasconde fra l'imbarazzo e un sorriso di scherno a denti marci di vizio,
il diavolo

IL DIAVOLO

Per gli ebrei e per i cristiani antichi c'era Satana, l'oppositore, la mano sinistra di Dio
il male neoplatonico in cui si specchiava il bene, uno degli opposti del Tutto
poi come un buco nero ha attratto a sé storie
Lucifero il ribelle, Ade e l'inferno, il serpente della Genesi, il drago dell'Apocalisse, l'Anticristo
e poi i mostri dei bestiari medievali, divinità oscure dimenticate dei popoli del nord
nel "500 Tasso e la Gerusalemme Liberata e nel "600 Milton e il suo Paradiso Perduto
la ribellione di Lucifero diventa affascinante
ed eccolo là, nella rivoluzione francese a incarnare l'eroismo del ribelle
da lì a far capriole in ogni rivoluzione
- prima di allora "rivoluzione" era solo il moto di un pianeta intorno al sole, tanta guerra ma si torna sempre al punto di partenza
gli piacciono gli inganni e da allora ne fa continuamente
come nella mente di Blake, convinto della sua bontà
e poi Byron lo fa sparire, inghiottito dal suo eroe byroniano
Eliphas Levi gli dà un volto, il suo Bafometto androgino

e Baudelaire lo prega nelle sue litanie e Carducci nel suo inno, nuovo dio e simbolo della modernità
e pittori e poeti lo celebrano e lo incarnano, insieme alle sue virtù
le droghe di Baudelaire, la pedofilia di Gaugin, l'incesto di Duchamp
i riti violenti di Picasso
dietro c'è spesso la mano della Blavatsky
l'androginia diviene simbolo dell'anticristo
per Klee e il suo Angelus Novus tutto iniziò con Lutero
alla fine la prima rivoluzione è la sua
van Gogh, Majakovskij, Rothko, Virginia Woolf, Sylvia Plath, Ernest Hemingway, Frida Kahlo, Cesare Pavese, l'eroe romantico di Goethe,
pochi dei tanti, questo eroe lo hanno incarnato fino in fondo,
si sono suicidati
eccola la rivoluzione
ecco il fine del diavolo
e così l'arma umana più efficace, l'arte, è diventata uno strumento nelle mani del diavolo,
il pozzo contemporaneo ora è inquinato
e l'acqua solitaria e cattiva,
Joker era il cattivo di Batman ma poi racconti la sua storia e dici "poverino non ne ha colpa"
e così i cattivi diventano quelli per cui parteggi e quindi

non li chiami più cattivi,
proprio come il diavolo
e aver cancellato la presenza del cattivo dalla narrazione significa avergli dato il potere di agire nell'oscurità,
è esattamente dove si trova meglio
e di lì arriva il dubbio, non sai più se esiste il male
oggi è pieno di gente che ostenta apertamente simboli satanici, dalle stelle a cinque punte appese al collo a riferimenti continui ai demoni nei film e nelle serie TV
per non parlare della musica, energie oscure si spandono, quelle chiare vengono oscurate,
e così oggi ci troviamo la rivoluzione nel cuore e nelle ossa
e appare in noi, come un Anticristo, tutte le volte in cui siamo messi contro qualcun altro
lui divide, divide, divide,
divide l'uomo dalla donna,
l'umano dall'umano,
divide il cielo dalla terra
se ci prende per mano siamo persi e soli fra i nostri atomi,
nei simboli antichi, i preti non li insegnano neanche più,
il diavolo lo sconfiggeva la Madonna, Maria Madre di Dio,
ma oggi guai a parlare di madri, le femministe ti azzannano come orsi affamati su mucche al pascolo,
la maternità anche nelle serie TV è solo per donne ignoranti e vittime dei cattivi maschi,

le donne di oggi non fanno figli e soprattutto non fanno le madri, sarebbe troppo umiliante

e così si diradano le madri e con loro sbiadiscono gli affreschi della Madonna

mentre l'altro nemico del diavolo era San Giuseppe, terrore dei demoni,

San Giuseppe il padre e patriarca

e infatti con la scusa del femminismo abbiamo decostruito la figura del padre come si smonta il palco di una commedia in una sagra di campagna

e lo abbiamo fatto diventare il colpevole dei mali dei figli e delle donne

e così ecco, spariti i padri restano solo i mammi, fuchi alla disperata ricerca di sopravvivenza, inseguono come fedeli cagnolini al guinzaglio le emozioni delle compagne

e alla fine il risultato è che sono tutti infelici,

ma d'altra parte il diavolo è il principe delle menzogne

e quindi ecco, non si può più parlare di verità,

altra parola bandita,

il nostro organo più potente è la lingua e il diavolo va combattuto con la lingua, lanciando con la lingua l'incantesimo della verità ogni volta che appare

e poi usando litanie di parole come bene, male, mamma, papà, verità,

basta rivoluzione, sì all'evoluzione

e soprattutto dovremmo voltare le spalle all'inferno e

alzare gli occhi verso la luce degli angeli,
così tornerebbe l'equilibrio fra bene e male, Yin e Yang,
e piano piano la domanda tornerebbe ad affiorare in superficie e forse vedremmo tante cose in modo diverso
e invece ci ritroviamo continuamente immersi nelle bugie

BUGIE

Bugie, bugie, le bugie
sono efficacissime se sono usate dai potenti ed è sempre stato così,
un bambino dice una bugia e trova una mamma che lo sgrida,
i Papi prendono il potere con la donazione di Costantino, una bugia, poi se lo tengono,
nessuno ha sgridato l'amministrazione americana per la bugia delle armi di distruzione di massa di Saddam, non c'erano, ma le bombe sull'Iraq intanto sono cadute,
i potenti dicono bugie e nessuno li schiaffeggia con la verità,
i potenti non hanno la mamma
e il liquame delle loro menzogne inonda il mondo come una fogna, la gente con il tempo si abitua e nessuno si lamenta più per il tanfo nelle narici,
ma la bugia più grande della storia contemporanea inizia urlando in Francia fra sangue e genocidi,
"égalité",
uguaglianza,
ma l'uguaglianza è di per sé una bugia, non esistono due cellule uguali in tutto l'universo
eppure da allora è sparito il nord e la bussola della storia

ha iniziato a puntare verso l'uguaglianza,
si sono sgretolati molti antichi monti coronati,
sovrastavano la vecchia Europa,
forse erano troppo diversi,
e si sono stese le pianure dell'uguaglianza,
lame meccaniche hanno abbattuto le antiche foreste dove si stagliavano millenarie querce intrise di ricordi,
falci hanno tagliato le erbe mentre crescevano verso il cielo limando tutto verso il basso, al più basso possibile, più lontano dalle nuvole che si potesse,
martelli hanno tirato giù le colonne della tradizione dove pulsava la memoria
e ora è vietato ricordare,
cancel culture,
guardacaso in inglese,
bisogna cancellare tutto, la storia è una strada sconnessa di disuguaglianze
e ogni disuguaglianza è eresia mortale per cui si finisce al rogo
e tutto deve essere uguale e quindi falso,
come struzzi ficchiamo la testa nel terreno dell'uguaglianza, ci hanno messo dentro la paura della diversità,
la diversità genera confronto e quindi spesso conflitto
e noi il conflitto lo possiamo solo subire ma mai generare,
l'America può serenamente bombardare i Balcani senza

averne diritto,
ma un uomo bianco diventa misogino appena contesta una donna, anche se lei gli sta urlando addosso,
tutti gli animali sono uguali ma alcuni sono più animali di altri,
e ci voleva il nazionalismo tipografico a far pretendere diritti uguali per tutti
anche se ciascuno è diverso
e un pedofilo ha gli stessi diritti di una madre,
un nazista vota allo stesso modo di Churchill,
un genocida non è diverso nei diritti da un filantropo,
ma mi chiedo se sia questo il modo per costruire l'umanità o se invece questo non sia solo un pastone senza sapore,
quando poi l'uguaglianza sono riusciti ad imporla ad Est era l'inferno sulla terra
e guarda caso tra i simboli del comunismo c'è una stella a cinque punte,
il comunismo semplicemente non va, è una bugia, è come voler far indossare una piccola scarpa con i tacchi a spillo a uno scimmione con il piede gigante,
semplicemente non calza, non funziona,
non può funzionare, non siamo uguali,
siamo diversi
e non si può coltivare un melo facendo finta che sia grano o pretendere i fichi da una quercia

l'universo ha delle regole e solo dei narcisisti patologici di dimensioni incommensurabili possono pensare di poterle piegare alle inutilità della propria mente,
i comunisti vogliono tutti gli umani uguali nella società,
altri raccontano che si può scegliere il proprio genere come un gusto dal gelataio
gli antispecisti non vedono più la differenza fra uomo e animali,
e ancora bisogna buttare via le bussole rotte, incastonate dentro gli schermi, ci rendono schiavi e bisogna tornare a cercare con i nostri occhi, le nostre orecchie, le nostre dita, ma soprattutto le nostre narici, il profumo della verità,
e anche la domanda genera diversità,
diversità e unità insieme
però di certo non uguaglianza
e poi tanto tutto quel falso costrutto di uguaglianza si sta squagliando sotto il sole elettrico della contemporaneità
e chissà cosa ne resterà,
al massimo il grido delle tribù

TRIBÙ

Non ci saranno più le nazioni,
le lingue codificate,
la consolazione delle illusioni otto-novecentesche,
umani aggrappati con le unghie alla cartapesta meravigliosa di imperatori che danzano il Valzer sul Danubio,
ma almeno in questo liquame contemporaneo,
macerie di guerre una peggiore dell'altra marcite nella paura di farne scoppiare altre,
in questa poltiglia di civiltà in cui nuotiamo abbiamo la consolazione della tribù, ce lo dice ancora McLuhan,
McLuhan, McLuhan, Mcluhan,
stiamo abbandonando non troppo lentamente gli occhi,
la centralità della vista, ce l'ha imposta lungo i secoli la cultura tipografica, e stiamo tornando a usare le orecchie,
cultura auditiva torna dal passato antico, come rigurgito dell'umanità, non ce la fa a smettere di essere se stessa,
e allora ecco qua, finisce la civiltà
e la letteratura
e la consolazione della razionalità scientista
e ritorna dal profondo l'istinto di base, quello stratificato a fondo nel nostro essere anche bestie,
e così emerge la logica della tribù,

ma emerge in un modo nuovo, tecnologico, postapocalittico,
siamo nel mondo di Mad Max o di Ken il Guerriero senza aver avuto le guerre nucleari, a parte in Giappone,
e così diventiamo tribù appena troviamo nella sterminata liquidità del nostro presente un relitto a cui aggrapparci e finiamo per considerarlo isola
e insieme a noi si aggrappano altri
ed eccola qua la tribù,
la tribù del riscaldamento globale,
della teoria del complotto,
della terra piatta,
della virtù di Ronaldo,
dei glutei rotondi di Kim Kardashian
e dell'anima di plastica dell'ultima celebrità di TikTok,
del veganesimo e dei chakra,
del femminismo,
di Trump
e prima di Obama,
della Madonna di Medjugorje
e del Sokka Gakkai,
ogni bandiera è buona per radunare un plotone,
cantare un inno
e insieme agli altri sparare sulla tribù di fronte,
la tribù si definisce con il suo contrario,
come nello specchio della liquidità contemporanea,

poi basta un'onda della vita tempestosa e ci stacchiamo da quel relitto per aggrapparci a un altro,
nuova tribù nuove bandiere, nuovi nemici, nuove illusioni,
il valzer continua, non è più sul Danubio, ma nell'acqua marcia, umido e doloroso,
ci è concesso al massimo questo nel mondo di Bauman
e nelle tribù cerchiamo voci per alimentare il nostro narcisismo e per farci dare ragione,
la nostra bandiera è l'unica possibile
e allontaniamo ogni fiato se solo suggerisce l'esistenza di altri punti di vista,
le tribù di oggi sono ideologicamente più totalitarie di un regime novecentesco,
più vaste e grazie alla tecnologia molto più totalizzanti,
gli algoritmi fanno tutto per unire i membri delle tribù,
usi Instagram o TikTok, è ancora più asiaticamente efficace e vedi solo video che danno ragione ai like delle tue dita
ed ecco qua il tuo mondo confinato alla tua opinione del momento, si alimenta di se stessa e delle conferme restituite dall'autorità dello schermo,
ogni confronto è un ricordo delle generazioni passate,
ogni dialogo una chimera scomparsa, tutto questo è sparito
e senza dialogo il pensiero muore,

e intanto lo piantiamo nelle macchine, nella cosiddetta intelligenza artificiale,
ma in fondo anche le tribù hanno i loro lati positivi,
ci ho dovuto pensare molto ma forse la tribù è molto meglio della nazione per un unico motivo, ossia è più libera almeno apparentemente, come ogni libertà,
la tribù almeno la scegli o fai finta di farlo,
ma non si può parlare poi di verità se ogni tribù ha la propria, come nella guerra in Ucraina o in Palestina, tutti sembravano convinti di sapere la verità,
ma ciascuna era una verità tribale,
quindi bisognerebbe capire cosa sia la verità

LA NUDA VERITÀ

La Verità è nuda,
come il Re della favola, ma più sensuale
non si può capire nessuna verità finché non ci si mette nudi, completamente nudi di fronte a se stessi e al resto del cosmo,
come ha fatto Francesco d'Assisi, *pauper nudus*, nel "200 si è spogliato di ogni nome per cantare la lode dell'Altissimo e di ogni creatura,
qualunque vestito indossiamo è una bugia, una terribile bugia e la stiamo raccontando a noi e agli altri,
e nelle bugie non c'è lode e non c'è la vibrazione dell'Altissimo,
come in una performance di *bodypainting poetry*,
lì puoi sentire risuonare in modo molto chiaro il sibilo della domanda,
dall'incontro della pelle con i misteri del profondo scintilla qualcosa, si accende un fuoco e piano piano divampa
e nel crepitio di quelle fiamme puoi sentire sussurrare la domanda
e invece noi cerchiamo una verità di cartapesta con cui avvolgerci e renderci un po' più vicini a quello che vorremmo essere ma non siamo

ed è troppo facile star nudi da soli,
la nudità deve essere agli occhi di qualcun altro altrimenti non esiste,
come nell'esperienza materica e corporea della spiaggia naturista,
mettersi nudi fra nudi,
quante storie, sensazioni, emozioni, incontri,
lì vedi cos'è davvero l'umanità, fatta di spietata selezione, animalesca pulsione e delicata appartenenza a ciò che ci circonda
per un attimo, poi anche da nudi riappaiono vestiti e corazze e veli e filtri, coperte, nomi, identità, etichette, qualifiche, ruoli,
verità e libertà, equilibrio difficile,
non è facile stilare un trattato di pace tra la montagna solida della verità di ciò che realmente siamo e la galassia turbolenta dei desideri della nostra mente,
continuamente si proiettano sul nostro corpo e sperano di manipolarlo come fosse argilla, e invece è marmo
e così ecco i conflitti interiori, ci tagliano come lame affilate ad ogni movimento del cambiamento,
e poi la nuova era, ecco gli schermi, ci piacciono tanto,
una verità di silicio riflette, come uno specchio maleficamente addomesticato, ciò che vorremmo vedere,
il deepfake non è una trappola nuova, ma covava da molti anni nell'incesto fra tecnologia e narcisismo,

su questo c'è un libro bellissimo, ma non l'ho ancora scritto, "La verità ai tempi dell'intelligenza artificiale e del deep fake",

e così oggi sugli specchi della contemporaneità liquida galleggia ciò che vogliamo vedere, la verità desiderata veste la nostra nudità di nuovi vestiti elettrici,

intanto dimentichiamo la verità e miniamo i ponti, solo questi ponti possono portarci alle soglie del vero,

i sensi,

li usiamo per interagire con le macchine e con la dimensione elettrica, li silenziamo coprendoli di plastica, ma sono fatti per portarci nella verità intorno a noi, ed è semplice, tanto semplice da spiazzare l'arzigogolo dei desideri

e così siamo confusi, finiamo per dire che la verità neppure esiste

e intanto ne costruiamo di nuove con cemento ed elettricità,

non siamo più liberi, ma liberamente incatenati dai tentacoli elettrici della nostra mente collettiva, ci bloccano la mascella e la lingua,

e senza la libertà della lingua nessuno può farsi la domanda, solo lei può condurci nel cuore della verità e la verità non smette di pulsarci dentro finché non emettiamo l'ultimo respiro,

senza verità non riusciamo a essere liberi,

quindi dobbiamo afferrare con le mani la verità per come si manifesta nel nostro corpo nudo, nella sensorialità di noi stessi e lasciarci trascinare dai sensi verso la domanda,
io vorrei portela,
ma dobbiamo essere nudi,
nudi come il cielo che ci ha partoriti il giorno in cui il sole l'ha fecondato,
nudi come nei sogni in cui siamo assenti,
nudi come il giorno in cui smettiamo di parlare

LA MORTE

Parlare di verità significa parlare di morte,
la morte è sempre vera e indiscutibile,
davanti alla signora con la falce non ci sono più martelli né menzogne, siamo ciò che siamo in realtà,
ricordo bene la verità della morte, si affacciava sul viso di mia madre il giorno prima della sua partenza
e sorrideva,
alla morte bisogna sorridere e lei ricambierà,
tanto arriva lo stesso, meglio morire arresi e felici come la mamma, lei aveva decifrato il segreto dei gigli, e della primavera, e delle montagne,
eppure nell'era contemporanea non fa molto chic parlare di morte,
si parla più volentieri di eutanasia, una parola aulica per nascondere dietro a un velo razionale la crudezza della parola suicidio,
e quella è forse la vera parola della contemporaneità occidentale in fase di suicidio,
ma fa parte dell'identità più profonda dell'essere contemporanei
e quindi narcisisti,
un narcisista patologico sente confortante l'idea di avere controllo persino sulla morte,

persino la morte deve girargli intorno come un satellite,
è anche facile dire "no, sono contrario, viva la vita", finché non vedi distese di letti con persone in agonia e in attesa del giorno in cui finalmente la scure misericordiosa della morte porrà fine al loro Calvario, persone inchiodate in quei corpi divenuti prigioni e tortura e se fossi al loro posto vorresti solo interrompere le lame del dolore,
l'eutanasia la vuole solo chi sta male, molto male, chi ha i chiodi della sofferenza piantati nella carne
e oggi stanno tutti male nell'anima, la domanda pulsa dolorosamente dentro, nell'oscurità, sotto la crosta di ferite mai rimarginate
e per forza vogliono morire,
un po' come narra "La torre dei suicidi", uno dei dei racconti più belli mai pensati, non l'ho scritto io e non l'ha scritto nessuno, neanche Fausto Fori, ma lui me l'ha raccontato,
e di sicuro solo un imbecille vorrebbe morire se vivesse una vita appagante, si attaccherebbe con mani e unghie alla vita e farebbe di tutto per farla andare avanti il più possibile,
come quel dirigente Rai di Ferrara, Boari, a più di novant'anni malediceva la vita, troppo corta per lui e voleva rimanere ancora a lungo, poi è morto anche lui, ha vinto la morte,

alla fine muoiono tutti,
buoni e non più cattivi,
umani e narcisisti,
belli e contemporanei,
ricchi e felici
e il corpo di un ricco potente non si decompone in modo diverso da quello di chi ha passato la vita a sorridere in miniera,
questa è verità e ricordarsene ogni giorno abbracciandola rende molto sereni,
come quei monaci, ogni giorno scavavano un pezzetto della propria fossa per non dimenticare verso cosa stavano camminando,
verità, sì questa è verità
e bisognerebbe aggiungere alle litanie della verità anche la parola morte,
così come la parola vita
la comprensione delle cose sta nella contraddizione degli opposti,
solo la coincidenza degli opposti punta alla verità,
ecco, non si può capire 'io' se non capisci 'tu',
ma alla fine moriamo e in questa certezza così vera sta tanta consolazione,
puoi vivere con grande apparente serenità, ma se non ti poni la domanda,
se passi l'intera tua esistenza a nasconderti dalla luce e

dall'ombra della domanda
e se anche non avrai guardato là dove le mie parole come
dita del profondo stanno indicando,
quando arriva lei, la morte, sarà lei stessa a fartela
e tutto si rimetterà a posto

COMPLOTTI

I vivi spesso non navigano lungo il fiume della vita, lì scivola chiara anche la domanda, si perdono piuttosto in rivoli di complotti artificiali,
qualunque cosa può tradursi in un complotto
e il complotto può rovesciare la verità a suo comodo,
secondo me la teoria del complotto l'hanno inventata i potenti per distogliere l'attenzione da se stessi,
così non ci fidiamo più,
non ci fidiamo dello Stato, tanto è in mano alle lobby,
non ci fidiamo della Chiesa, è essa stessa lobby,
non ci fidiamo di ciò che mangiamo, beviamo, di ciò che leggiamo o vediamo, tutto è manipolato,
tutto tranne improbabili siti o pagine social sulla terra piatta,
loro sì hanno la verità,
la verità, la verità, la verità è che tutto è impastato di male e di bene,
di verità e menzogna
e tutto dipende da come diciamo e quindi pensiamo le cose,
per esempio, questa è l'era elettrica,
elettricità prodotta a tonnellate come per magia,
come un incantesimo dalla materia trae l'energia

e energia ci ritroviamo nei lampioni, fanno vivere le notti al medico col turno notturno e allo spacciatore in procinto di avvelenare i ragazzi,

energia ci ritroviamo nei televisori, ci raccontano nuove false verità e ci fanno vedere i film di Fellini o dei Vanzina,

energia troviamo nelle lavatrici, ci fanno lavare i panni e hanno rubato il lavoro alle lavandaie,

nelle auto, dovranno essere elettriche,

sulle mani su cui teniamo i cellulari, ci rendono parte di un inconscio digitale ed elettrico

e ogni cosa è legata all'altra da questa trama di elettricità, sta imbrigliando tutto il mondo,

ma se ci pensiamo bene l'elettricità non è altro che luce,

luce ci viene portata fra le dita, luce si sostituisce alle nostre mani e anche al nostro cervello

qualcuno porta luce sin dal suo nome, Lucifero, "colui che porta luce", ma è spesso sinonimo di Satana, Baudelaire e Carducci scrivevano quegli inni a satana in certi anni, e negli stessi anni le città dell'Occidente venivano illuminate dalla luce elettrica,

sarà un caso o forse no

e va magari a finire che hanno ragione gli Amish,

i tanto vituperati Amish, girano ancora con il carretto e fanno sette figli a coppia,

ecco qua il complotto,

la contemporaneità è in mano al diavolo e quindi è cattiva,
ma questo ragionamento non funziona, in mezzo a questa elettricità fiorisce tanto bene
e se sono qui a dire ciò che devo dire è grazie all'elettricità,
e poi se anche tutto questo fosse vero e non fosse solo il vuoto ritmo della mia lingua, lei insegue se stessa prima che il cervello possa dar senso a ciò che dice, non bisognerebbe avere paura del complotto e della contemporaneità,
al contrario,
bisognerebbe scalare i monti dell'ignoranza per respirare un po' d'aria di consapevolezza e quelli della paura per scoprire che siamo noi ad avere il diritto di reclamare il potere su tutto questo,
proprio come fece Re Salomone, usò i demoni per costruire il suo tempio, su di loro sapeva di avere potere,
alla fine è tutta una questione di parole, si fanno vive per brillare di luce propria,
parole scorrono per mettere degli steccati al mare della realtà
e di botto vediamo nuove verità,
parole diventano se stesse per diventare storie

STORIE

Storie, storie, storie
è tutta una faccenda di storie,
storie e narrazioni,
forse la domanda è incastonata lì, nello scorrere dell'unica storia,
alla fine esiste un'unica storia, ha infiniti personaggi e infinite narrazioni
e continua a scorrere sotto i nostri piedi come un fiume carsico di cui abbiamo perso la memoria,
la domanda porta con sé una storia infinita
e questa storia si affaccia sulla mitologia,
la domanda è un vagito della mitologia, quel grande lago in cui gli umani si specchiano trovandoci dentro angosce, desideri, paure, gioie, relazioni, loro stessi le hanno scaricate dentro,
quei racconti favolosi fatti di dei, eroi guerrieri, mostri, santi taumaturghi e cavalieri erranti è un filo ininterrotto, si stende dai versi dei Neanderthal e passando da sumeri, egizi, assiri, greci, romani, cristiani, islamici, cinesi e indù arriva fino a noi,
ma in un'era senza sole anche la mitologia diventa più oscura,
oggi le nostre narrazioni hanno a che fare con mostri,

spettri, fantasmi, dietro a cui si celano demoni oscuri
ma non ci sono eroi,
solo antieroi byroniani
Byron, Byron
guai a scrivere una storia con un eroe,
non diventerà mai un libro né un film,
il sistema è molto attento a schermare qualunque possibile raggio di luce,
si è sparsa tramite gli schermi la mitologia contemporanea, perfetta per rimanere al buio, bagnata com'è dalla pioggia anglosassone e ferita dal passato coloniale,
e affonda anche lei in quell'ottocento satanico di cui non ci rendiamo conto di essere figli,
non conosce l'anima misteriosa del Mediterraneo, è immune ai raggi di sole sulle colline italiane, le foreste francesi o germaniche, e a martello sulla sabbia mediorientale,
infatti non ci sono sintesi di luce, quelle splendevano dall'antichità, sintesi per indicarci la via misteriosa fra i meandri del nostro cuore, là dove incontra l'orizzonte e inizia a pulsare di cielo,
penso a Gesù, la più alta e nobile mitologia della storia, per due millenni tramandata nelle liturgie, nei canti, nell'arte, tanto da far parte della stessa identità e della stessa carne di ciascun occidentale,

questo unico mito ha assommato in sé tutti i miti di popoli diversissimi
è stato sepolto dai suoi stessi aedi,
i suoi cantori hanno proprio smesso di raccontare la sua storia
e la gente ha finito per non credere più a quella storia e non chiama più casa le grandi cattedrali divenute oramai vuoti simulacri, ricordano ciò che è stato ma non è più,
i musei mostrano una civiltà oramai scomparsa, eppure qualcuno non se n'è ancora accorto,
forse questo è successo in Europa mentre in America è ancora pieno di gente religiosa,
eppure senza araba fenice,
senza Cristo risorto,
una società è destinata a finire, a tracollare miseramente su se stessa,
servono nuove storie, nuove mitologie e nuovi eroi,
e pure nuovi dei,
o forse meglio uno solo
solo un dio
ha labbra capaci di sostenere la forza di luce e di buio della domanda,
ecco, per farla, questa benedetta domanda, mi servirebbe proprio un dio
anzi, dell'unico Dio che non si può neppure nominare

FINALE

Inseguendo echi della domanda mi sono perso fra le note del Messiah di Hendel,
traducendo antichi scritti letterari greci, fronteggiando quell'alfabeto che sa di Mediterraneo e speranza d'eterno ritorno,
in quei pomeriggi sospesi fra le pagine di Narciso e Boccadoro,
sul balcone affacciato sull'erudizione universale,
il morso della domanda a volte si è fatto lieve,
quasi me ne sono dimenticato,
come se volgendo gli occhi nella direzione del flusso della sapienza stessi facendo la cosa giusta,
e lì fra quelle briciole di verità potevo trovare una direzione,
erano i raggi della Bellezza,
la Bellezza mi inchioda ogni volta davanti ai dipinti del Rinascimento veneziano alle gallerie dell'Accademia a Venezia,
mi fa scoppiare a piangere quando inizia il coro di *Zadok the Priest*,
quando semplicemente mi fermo in silenzio a Cianderou, sopra Cortina, e ascolto la voce delle montagne,
ecco, forse la Bellezza è un'oasi nel deserto spinoso della

domanda,
un'isola fra i flutti di perdizione della condizione umana,
dicano qualunque cosa, ma la Bellezza è incarnata nella biologia, inchiodata nei nostri sensi
e fra mille anni la gente riderà a pensare si sia passati da Mantegna a Anish Kapoor,
intanto però stringiamo i denti e non perdiamoci,
quelle briciole le dobbiamo seguire
e lì e solo lì possiamo trovare la strada per costruire una risposta a questa domanda,
Bellezza, "kracota", come scriveva Dostoevskij, non salverà il mondo, come scriveva lui, lo sta già salvando qui e ora
e se hai ascoltato una sola nota di quelle che ho seminato in questo spartito capisci cosa intendo,
siamo arrivati in fondo,
ogni parola è la fine di un cammino,
ma è molto difficile trovare la bussola per orientarsi ora,
sappiamo di esserci smarriti dentro la torre di Babele,
continuamente a specchiarci su nuovi archetipi dell'inconscio collettivo,
come quello del capitalista e dello scienziato pazzo,
ma manca quello del poeta, lui porta la materia dei sogni ed è mediatore come in *Metropolis* tra il cervello e le mani, tra la terra e il cielo
e forse alla fine se qualche frammento di domanda ti è

arrivato diventerai tu poeta,
avrai tu la consapevolezza di esserlo già
e di appartenere all'aristocrazia della Bellezza
e abbraccerai la tua missione,
è semplicemente mettere l'aureola sopra i detriti della realtà contemporanea,
insomma, serve poesia
e io non so se qui in mezzo hai trovato riflessi della domanda
e se così non è me ne scuso,
ho fallito miseramente come spesso mi accade,
ma se invece hai trovato qualcosa non ho più nulla da dirti e ti saluto con tutto l'amore che ci unisce e che le parole non possono contenere,
neppure quando rimangono impigliate alle più splendide stelle

Indice

ALLA MUSA..5
É SOLO UNA DOMANDA.............................7
LA DOMANDA SBAGLIATA.......................10
BAUMAN..12
ARRENDERSI...15
ANARCHIA...18
VUOTO..21
LA GRATUITÀ DELLA VECCHIAIA...........24
AMERICA..27
ALTROVE..30
ANSIA E DEPRESSIONE...........................33
CONTEMPORANEO...................................36
L'ARISTOCRAZIA DI MCLUHAN...............39
CERCANDO..42
SOTTO LE MASCHERE.............................45
L'ERA DI NARCISO....................................48
EGO, SCIENZA E DANARO 51
FINI E MEZZI..54
DIGRESSIONE OLTRE IL LIQUIDO..........57
LA LUNA DELLA PAROLA.........................60
AMORE...62
FOLLIA..65
PSICOSI..69
PROFETI DI SVENTURA...........................71
DROGA...73
IL DIAVOLO..77
BUGIE...82
TRIBÙ..86

LA NUDA VERITÀ..90
LA MORTE..94
COMPLOTTI...98
STORIE..101
FINALE 104

Paolo Gambi è un poeta, scrittore, artista e performer post-contemporaneo, la cui missione è portare "poesia dappertutto" come recita il suo motto.
Pioniere della bodypainting poetry, scrive poesie nella materia, con il mosaico e le mette in scena sui palchi.
È uno dei primi al mondo ad aver coniato poesie NFT.
Una sua opera digitale garantita da NFT è stata selezionata e pubblicata da un progetto dell'Università di Stanford.
È stato uno dei primi europei a occuparsi di poesia e intelligenza artificiale.
Ha fondato Rinascimento poetico APS, una delle principali reti di poesia in Italia, presente in vari paesi. Negli anni ha iniziato migliaia di persone alla pratica poetica come strumento di crescita personale e di impegno civile.
Ha fondato e dirige due premi poetici, il più importante premio di poesia ecfrastica italiano a Venezia e l'Alloro di Dante presso la tomba del Sommo Poeta. Ha portato per primo in Italia Jon Fosse dopo che ha vinto il Nobel nel 2023.
Ha pubblicato una trentina di libri, molti dei quali nel Gruppo Mondadori. Alcuni sono stati tradotti in cinque lingue. La sua ricerca artistica ruota intorno alla parola nel rapporto con il mistero, la psiche e la tecnologia.
Ha ricevuto numerosi premi, fra cui spiccano il José Rizal Heritage Award 2023, l'Alloro di Dante nel 2022, il Premio Guidarello per il giornalismo d'autore nel 2012, il premio Rimini-Europa nel 2016, il San Domenichino nel 2018 e il Loris Malaguzzi per la poesia nel 2019. È stato a lungo contributing editor del Catholic Herald di Londra ed è stato testimonial del mese della cultura italiana nel Principato di Monaco. Accademico degli Incamminati e dello Studium Accademia di Casale e del Monferrato.
Hanno parlato della sua ricerca artistica RAI, Corriere della Sera, la Repubblica, La Stampa, la Verità, Affaritaliani, Artribune, oltre a realtà di settore come Poesia del Nostro Tempo, RAI poesia, Rivista Clandestino, NFThours (in inglese), NFT poetry gallery, Vuela Palabra (in spagnolo), Voce (Argentina), Espoarte.
Collabora con Il Giornale.
www.paologambi.com